BEIRDD BRO EISTEDDFOD YNYS MÔN

BEIRDD BRO EISTEDDFOD YNYS MÔN

gol. Cen Williams

Er cof am Sian Owen, Marian-glas

ⓟ Cen Williams / Cyhoeddiadau Barddas ©
Argraffiad cyntaf: 2017

ISBN 978-191-1584-01-8

Cyhoeddwyd gan Gyhoeddiadau Barddas.
Cyhoeddwyd gyda chymorth ariannol Cyngor Llyfrau Cymru.
Argraffwyd gan Wasg Dinefwr, Llandybïe.

CYNNWYS

TRADDODIAD BARDDOL MÔN

Edrych draw at Fôn mam Cymru. Gwnaeth llawer hynny, a chroesi'r Fenai o weld haul ei chynnyrch. Ymwelydd bore oedd Gerallt Gymro, a ganmolodd ei 'chnwd bras a thoreithiog'.[1] Ganrifoedd yn ddiweddarach yn yr awdl ysgytiol 'Cilmeri' gan Gerallt Lloyd Owen (1982), llawnder ei haidd a'i gwenith a wêl Llywelyn yntau, a hynny'n adlais o wareiddiad dyddiau gwell. Dau arall yng ngwead yr oesoedd a Môn yn llaith yn eu llygaid oedd y beirdd Gruffudd Gryg a Goronwy Owen. Ond nid gweld yn unig a wnawn ni, ond clywed yn ogystal. Bu traddodiad barddol Môn o hyd yn gymysg o'r llais a'r llyfr, ac nid ar hap y dewiswyd *Llên a Llafar Môn* yn deitl ar y gyfrol ddifyr a gyhoeddwyd gan Gyngor Gwlad Môn yn 1963. Trown ninnau ein golygon at y famynys, a chael gwledd i'r glust a'r llygaid yn ei beirdd, a'r rhai sy'n rhannu eu hanian, yn noddwyr, dehonglwyr, gwerinwyr, tywysogion, cantorion a'u bath. Does ond angen sôn am gyngor Lewis Morris yn ei lythyrau i 'ymrwbio yn ein gilydd mal ceffylau' i gofio nad mewn gwagle y cynhyrchir barddoniaeth. Codwn ein hysbienddrych, felly, i weld pa lafnau o oleuni sy'n treiddio trwy darth yr oesoedd.

Dacw'r bardd llys Gwalchmai ap Meilyr (*fl.*1130–80), mab i'r bardd Meilyr Brydydd a thad i fagad o feirdd yn ogystal.[2] Canodd Meilyr farwnad i'w arglwydd, Gruffudd ap Cynan, ond molawd i fuddugoliaeth Owain Gwynedd yn Nhâl Moelfre a gafwyd gan y mab. Cenir clod ffyrnigrwydd yr ynyswyr a'u gallu i wrido'r llanw â gwaed y gelyn:

> A Menai heb drai o drallanw gwaedryar,
> a lliw gwyar gwŷr yn heli.

Ond y mae i awen Gwalchmai hefyd afiaith synhwyrus ei 'Orhoffedd' lle yr ymhyfrydir ym myd natur a serch. Byddai beirdd Môn yn dal ati i ganu cerddi serch, a chanu i ferched, a pha ryfedd o gofio mai yn Llanddwyn y mae eglwys Dwynwen. Parhaodd natur i ysbrydoli'r beirdd yn ogystal, ond dinistr y goncwest sy'n sigo seiliau byd Gruffudd ab yr Ynad Coch (*fl.*1277–82), bardd sy'n gysylltiedig â Llanddyfnan, yn ei farwnad fawr i Lywelyn ein Llyw Olaf – awdl ac iddi rai o linellau mwyaf ingol ein hawen:

> Poni welwch-chwi hynt y gwynt a'r glaw?
> Poni welwch-chwi'r deri'n ymdaraw?
> Poni welwch-chwi'r môr yn merwinaw–'r tir?
> Poni welwch-chwi'r gwir yn ymgyweiriaw?

O golli'r tywysog a noddfa Llys Aberffraw, mae'n lleisio'i ofn mai difodiant sy'n aros y genedl: 'Nid oes le y cyrcher rhag carchar braw; / Nid oes le y trigier: och o'r trigiaw!' Ond y mae'r ffaith fod yr awdl hon wedi goroesi'n dyddiau ni yn brawf na syrthiodd y sêr, ac i'r traddodiad penceirddaidd ym Môn addasu i'r oes newydd ansicr a ddaeth yn sgil y goncwest – nodwedd a welid fwy nag unwaith yn ei hanes.

I Wenhwyfar, gwraig Hywel ap Tudur ap Gruffudd o gwmwd Twrcelyn y canodd y bardd Gronw Gyriog. Ef, mae'n debyg, oedd tad y bardd serch Iorwerth ab y Cyriog y galarodd bardd arall o Fôn, Sefnyn, ei farwolaeth. Iorwerth a gyhuddwyd gan neb llai na Dafydd ap Gwilym o arfer cywyddau serch er mwyn llenwi'i waled yn hytrach na'i galon! Un arall o deuluoedd bonedd Môn, Tuduriaid Penmynydd oedd prif noddwyr Gruffudd ap Maredudd (*fl.*1346–82), 'y mwyaf o'r Gogynfeirdd diweddar', chwedl Dafydd Johnston, ac un nad oedd gwerthoedd yr hen Gymru annibynnol ymhell ohono.[3] Yn ddisgynnydd i Ddafydd Benfras, roedd Gruffudd yn un o feistri'r rhieingerddi – math o ganu a fu'n boblogaidd ymhlith beirdd Môn.[4] Yn ei farwnad i ferch o'r enw Gwenhwyfar mae'n cyferbynnu'n effeithiol olud bywyd â llymder y bedd:

> lle bu aur am ei deurudd,
> lle bu borffor, côr a'i cudd.

Oes clera oedd hi, a pharhaodd y beirdd i deithio am nawdd yn y bedwaredd ganrif ar ddeg. Dau ymwelydd nodedig â'r ynys oedd Dafydd ap Gwilym ac Iolo Goch. Bu i Ddafydd fwynhau 'cornel ddiddos ... Rhosyr', a hawliodd fod yn Niwbwrch groeso twymgalon i'r awen.[5] Canu yn benodol i Fôn a wnaeth un arall o arloeswyr y cywydd, ac un o feibion yr ynys, sef Gruffudd Gryg (*fl.*1340–80).[6] Yn frodor o Dregwehelyth, Llantrisaint, bu Gruffudd yn ymryson â Dafydd 'bêr ei gywydd'. Aeth ar bererindod i Santiago de Compostela yn y 1370au, lle lluniodd gywyddau dyfalu trawiadol i'r lleuad ac i'r don. Yn ei gywydd sy'n cyfleu ei hiraeth am Fôn, a luniwyd yr un pryd mae'n debyg, cyfunir mawl urddasol â'i awydd i ddychwelyd at 'hawddfyd' gwlad y medra a'i phobl:

Hawddfyd, lle cyfyd cofion,
gwŷr a gwragedd a medd Môn.

Croesewid beirdd yr ynys a'r tu hwnt yn nhai bonedd Môn
y bymthegfed ganrif a'r unfed ganrif ar bymtheg yn ogystal.
Ceid mewn cartrefi megis Myfyrian, Treiorwerth a'r Chwaen
Hen '... win a mawl, / gŵr gwresog a gwraig rasawl', chwedl
Dafydd Alaw (*fl.*1546–67). Bu i'r traddodiad mawl gyfrannu
at gynhyrchu beirdd hyddysg yn hanes diwylliant eu hardal
a'u gwlad; beirdd megis Robin Ddu ap Siencyn Bledrydd
a Llywelyn ap Cynfrig Ddu. Dyma ddau a fu'n cydoesi â'r
brudiwr Dafydd Llwyd o Fathafarn, ac mae'r canu darogan yn
rhan o gerdd dafod y Monwysion hefyd. Beirdd eraill o bwys,
a beirdd cynhyrchiol, oedd Lewys Môn (*fl.*1485–1527) a'r
bardd-offeiriad Syr Dafydd Trefor a fu'n rheithor Llaneugrad
a Llanallgo. Bu Lewys yn gyfaill i Dudur Aled ac yn moli a
marwnadu Syr Wiliam Herbert o Golbrwg a Syr Rhys ap
Tomas o Ddinefwr, ond dywed Dafydd Johnston iddo dderbyn
nodded gan deulu Huw Lewys o Brysaeddfed, Bodedern yn
bennaf. Yn ei farwnad i'w noddwr, disgrifir ef fel 'llywydd, mur
Lliwon', sef cwmwd Llifon, ac y mae ei farwolaeth yn gyfystyr â
'marw holl Fôn' i'r bardd.[7] Cyd-ddigwyddiad diddorol yw mai
cymydog Lewys Môn yn y *Cydymaith i Lenyddiaeth Cymru* yw
Lewys arall, sef Lewys Glyn Cothi – un a dderbyniodd groeso
gan deulu Prysaeddfed yn ei henaint, ac a ganodd am haelioni'r
ynys:

> Am Fôn yr ymofynnaf,
> mwnai ac aur mân a gaf,
> graddau seigiau gwresogion,
> gwleddau mawr arglwyddi Môn.

Dyma daro ar yr hyn a elwir gan Gruffydd Aled Williams yn '[dd]wy o geinciau mwyaf cyson molawdau ... i'r ynys, sef nawdd a chroeso ei gwyrda i feirdd a barddoniaeth a braster cynhyrchiol ei daear'.[8] Pwnc arall ar dafodau'r beirdd oedd crefydd, ac un llais amlwg oedd eiddo Siôn Brwynog (1510–62) o Lanfflewyn. Hwn oedd 'Taliesin, Merddin Môn' yn ôl Gruffudd Hiraethog, ac mae ei gywydd 'I'r ddwy ffydd' yn adlewyrchu'r newid mawr a ddaeth ar Gymru'r Tuduriaid yn sgil y Diwygiad Protestannaidd.

Gwelodd yr ail ganrif ar bymtheg newidiadau pellach, ansefydlogrwydd cymdeithasol, dadleuon crefyddol a gwleidyddol ac anhrefn y Rhyfel Cartref. Yr oedd hen gyfundrefnau a rhwydweithiau'r beirdd yn crebachu yn ogystal, ac eto gall Dafydd Wyn Wiliam gyfrif dros 80 o dai ledled Môn lle cenid mawl i foneddigion.[9] Gwŷr diwylliedig oedd y rhain eto, megis y beirdd offeiriaid Syr Rowland Williams o Gaergybi a'r Dr Edward Wyn o Fysoglen, neu ddisgynyddion uchelwyr megis Dafydd Llwyd o'r Henblas a Siôn Gruffudd (1611/12–70) o Landdyfnan. Ef oedd bardd amlycaf y traddodiad caeth ym Môn yn y cyfnod. Brenhinwr rhonc oedd Siôn a oedd yn feirniadol dros ben o'r drefn newydd a ddaeth â '[ph]risio a rheibio ar hynt' i farchnadoedd yr ynys, a 'glaswellt mewn eglwysi'. Gallai farddoni yn y mesurau rhyddion yn ogystal, ac fel nifer o feirdd y canu rhydd yn y cyfnod yr oedd yn hoff o ganu ar destunau crefyddol. Pynciau eraill a ddiddorai'r beirdd rhydd oedd y canu cymdeithasol a'r canu serch, a diddorol gweld enw merch, Elen Gwdman, o blwyf Llanbeulan mae'n debyg, ymhlith yr holl ddynion, er na wyddys fawr o fanylion amdani.[10] Yr oedd y canu rhydd ynghlwm wrth lên ac arferion gwerin a barddoniaeth lafar yn ogystal, megis y rhigwm a lefarai plant wrth gasglu wyau'r Pasg o ddrws i ddrws:[11]

Clip, clap, – gofyn wy,
Mam a 'Nhad sydd ar y plwy.

Yr olaf o'r clerwyr oedd John Prichard Prys (c.1680–1724) o
Langadwaladr. Adferodd am rai blynyddoedd yr arfer o ganu
mawl a marwnad. Fe'i gelwir gan Richard Morris yn 'ben beirdd
Cymru' yn ei farwnad iddo, ac roedd yn un a adlewyrchai
'draddodiad y canu caeth a'r canu rhydd ynghyd â'r diddordeb
mewn llawysgrifau', ys dywed Dafydd Wyn Wiliam.[12]

Os oedd beirdd y traddodiad penceirddaidd wedi darfod
amdanynt yn dilyn llofruddiaeth John Prichard Prys yn 1724,
magwyd Goronwy Owen (1723–69) o Lanfair Mathafarn
Eithaf yn sŵn a bwrlwm barddoni llawr gwlad prydyddion
diwylliedig megis Siôn Tomos Owen (1678–1734) o Fodedern.[13]
Y gymdeithas hon a sbardunodd y Morrisiaid – Lewis, Richard,
William a John – o Bentre-eiriannell, Penrhosllugwy i ail-danio'r
diddordeb yn y Gymraeg a'i llenyddiaeth drwy weithgarwch
llenyddol a hynafiaethol sylweddol ei faint a'i ddychymyg. Lewis
(1701–65) oedd y mwyaf amryddawn o'r brodyr. Ymhyfrydai yn
y mesurau traddodiadol a'r hen benillion, mewn gwamalrwydd
a medrusrwydd, fel ei gilydd. Cyn ymadael â Môn yn y 1740au,
bu'n seiadu â beirdd megis Hugh Hughes, y Bardd Coch,
Richard Parry, Niwbwrch a Robert Prichard, Pentraeth, ac yn
ymrysona am flwyddyn gron â beirdd Arfon er mwyn amddiffyn
penarglwyddiaeth prydyddiaeth Môn.[14] Dengys ei ohebiaeth
afieithus â'i frodyr ac eraill bwysigrwydd y rhwydweithiau
diwylliannol hyn, a'r anogaeth a roddai i feirdd iau. Hyd nes
i'r ddau ffraeo â'i gilydd, ef oedd athro barddol Goronwy
Owen.[15] Ynghyd â'r ddysg Forrisaidd a gawsai, derbyniodd
Goronwy addysg glasurol, ac er iddo dreulio y rhan fwyaf o'i
oes ymhell o'i 'Fôn dirion dir', ef oedd bardd mwyaf dylanwadol

y bywiogrwydd llenyddol a gododd yn sgil cylch y Morrisiaid.

Gŵr cymhleth oedd Goronwy, ac addas iawn yw disgrifiad Bedwyr Lewis Jones ohono fel un a oedd ar dân i 'adfer gloywder a choethder diwylliant i farddoniaeth Gymraeg'.[16] Bu i'w weithgarwch barddol a diwylliannol gyfrannu yn sylweddol at ddadeni yn llenyddiaeth Gymraeg y ddeunawfed ganrif. Gwnaeth hynny nid trwy ymglywed â thraddodiad barddol y Gogynfeirdd a'r Cywyddwyr yn unig, ond â lleisiau barddoniaeth Seisnig y gorffennol a'i gyfnod ei hun. Er na chyflawnodd ei freuddwyd o greu barddoniaeth ar lun epig Milton, *Paradise Lost*, yn y Gymraeg, ac er nad yw ei waith bellach yn dwyn y dylanwad a gawsai yn ei gyfnod, un o uchafbwyntiau gyrfa Goronwy yw 'Cywydd ateb i annerch Huw ap Huw'r Bardd o Lwydiarth Esgob' (y Bardd Coch) (1756). Dengys y gerdd bersonol hon nid yn unig ddifrifoldeb ei fyfyrdod ar swyddogaeth y bardd a'r offeiriad i foli ei Dad nefol – elfen greiddiol i awen Goronwy – ond hefyd fe fynegir yn ogystal ddyfnder ei berthynas, gymhleth ar adegau, â'r famynys ei hun:

Pan fo Môn a'i thirionwch
o wres fflam, yn eirias fflwch,
a'i thorrog wythi arian
a'i phlwm a'i dur yn fflam dân,
pa les cael lloches o'i llaid?
Duw ranno dŷ i'r enaid!
Gwiw gannaid dŷ gogoniant
yng nghaer y sêr, yng nghôr sant:
ac yno'n llafar ganu,
eirian eu cerdd i'r Iôn cu,
poed gwŷr Môn, a Goronwy,
heb allael ymadael mwy.

Ac eithrio mawredd Pantycelyn a dychymyg Twm o'r Nant, nid rhyfedd i Bobi Jones ddatgan y gellid honni mai eiddo Môn oedd y ddeunawfed ganrif.[17] Ar lwyfannau poblogaidd, ac yn benodol yng ngweithgarwch yr eisteddfodau y lleisiodd y beirdd eu cân yn y bedwaredd ganrif ar bymtheg, ac unwaith eto etifeddwyd difrifoldeb yr awen a'r 'barchus, arswydus swydd'.

Trefnwyd eisteddfod gynnar yn Llangefni o dan nawdd y Gwyneddigion yn 1816, ond roedd mwy o lewyrch ar eisteddfodau Biwmares (1832) a Llannerch-y-medd (1835), a alwyd 'yr Eisteddfod leawl luosocaf ac enwocaf' yng Nghymru,[18] lle bu beirdd megis Richard Parry, Gwalchmai a Bardd Du Môn (Robert Williamson) yn amlwg.

Os oedd safon y cerddi yn anwastad yn aml, yr oedd y beirdd yn cyfrannu at yr egni llenyddol a diwylliannol a welwyd yn y ganrif hynod hon ar ei hyd. Byddai safon y cynhyrchion yn rhoi cryn straen ar y frawdoliaeth farddol ar adegau, fel y tystia'r ffrae fawr yn Eisteddfod Frenhinol Aberffraw pan ddyfarnwyd y gadair i Nicander (Morris Williams), a oedd yn gurad yn Amlwch, ar draul awdl ragorach gan y bardd Emrys. Cyn diwedd y ganrif byddai beirdd megis Llew Llwyfo (Lewis William Lewis) a Hwfa Môn (Rowland Williams) yn ffigurau eisteddfodol adnabyddus. Dyrchafwyd yr olaf yn Archdderwydd Cymru yn 1895, a ffraeth iawn oedd sylw Gwyn Thomas fod hwn yn *vacuum cleaner* o fardd'! Dyma gyfnod anterth y Bardd Newydd, a brisiai eiriogrwydd a sylwedd athronyddol uwchlaw ceinder a chynildeb ymadrodd. Yr oedd hynny, ynghyd â'u cred yn hynafiaeth yr Orsedd, yn eu gosod benben â'r genhedlaeth newydd o ysgolheigion, beirdd a llenorion, o dan arweiniad John Morris-Jones (1864–1929). Yn wir, un o uchafbwyntiau Eisteddfod Llandudno, 1896 i T. Gwynn Jones oedd y ffrwgwd cyhoeddus rhwng Hwfa Môn a John Morris-Jones, a darlunia yr archdderwydd yn esgyn i'r llwyfan ac yn anelu rholyn o femrwn eisteddfodol yn fygythiol at wyneb y beirniad![19] Fel bardd, ieithydd, ysgolhaig, ac fel 'Athro cenedl' yn beirniadu yn yr Eisteddfod Genedlaethol, bu John Morris–Jones yn ffigwr hynod o ddylanwadol ar droad y ganrif newydd wrth iddo ymlafnio i ailsefydlu safonau o ran iaith, crefft a barddoneg y beirdd. Er i Thomas Marchant Williams ddatgan â chryn surni mai 'machine made poetry' oedd eiddo'i gyfrol *Caniadau* (1907), gwelir yn y gerdd 'Rhieingerdd' asiad crefftus rhwng telynegrwydd rhamantaidd a cheinder y traddodiad barddol Cymraeg, sy'n cyferbynnu'n drawiadol ag athronyddu a diwinydda'r Bardd Newydd:

> Dau lygaid disglair fel dwy em
> sydd i'm hanwylyd i,
> ond na bu em belydrai 'rioed
> mor fwyn â'i llygaid hi.

Myfyrdodau athronyddol o fath gwahanol iawn a geir gan un arall o gymeriadau hynotaf Môn, a diwylliant eisteddfodol y cyfnod, sef John Evans, y Bardd Cocos (1826–88). Dyma ef yn ymboeni am dynged Ardalydd Môn ar ben ei dŵr yn Llanfairpwll, nid nepell o'r Fenai, darn sy'n llawn o ffraethineb gwlad y medra, a 'naturioldeb caboledig' y cocosfardd, chwedl Bobi Jones:[20]

> Marcwis of Angelsi yn ddi-fraw
> a'i gledda yn ei law;
> fedar o ddim newid llaw
> pan fydd hi'n bwrw glaw.

Cydblethodd bwrlwm y canu cymdeithasol ym mhentrefi a broydd Môn[21] a'r traddodiad eisteddfodol ymhellach yn 1907 pan gynhaliwyd Eisteddfod Môn am y tro cyntaf. Nid mawl a serch bellach oedd unig bynciau'r awen, ac y mae'r 56 bardd a enwir yn *Awen Môn* (1960) yn tystio i'r amrywiaeth a geid o ran testunau ac o ran cefndir y beirdd. Y mae'r newyddiadurwr Myfyr Môn (Richard Rowlands) o Lannerch-y-medd, y ffermwr a'r cynghorydd Llew Llwydiarth (William Owen), yr athro Glyndwr Thomas a'r dyddynwraig Jennie Jones Thomas o Niwbwrch oll yn cyd-letya o fewn ei chloriau.[22] Daeth rhai beirdd yn enwau cenedlaethol. Cipiodd Tom Parry Jones (1905–80) goron driphlyg genedlaethol y gadair, y goron a'r fedal ryddiaith (a'r olaf gartref yn Eisteddfod Llangefni yn 1957). Blwyddyn fawr arall oedd 1949 pan enillodd Rolant o Fôn (Rowland Jones) (1909–62) y gadair a John Eilian (John Tudor Jones) (1904–85) y goron. Bu Rolant hefyd ynghlwm wrth Ymryson y Beirdd lle cofir am ei ffraethineb a'i awen barod. Canmolwyd awdl 'Y Graig' a'r bryddest 'Meirionnydd' (nid Môn y tro hwn) fel ei gilydd, ac fe ymdeimlir â thelynegrwydd urddasol John Eilian a'i allu i gynnal symudiad rhythmig pan sonia am

> [dd]yddiau daionus mwyar a llus,
> dyddiau glân rhoddi ŷd mewn ydlan,
> byddai'r Garneddwen a Moel Hafod Owen
> dan aur a phorffor yr hen, hen stôr.

Disgynyddion i ymrysonwyr Sir Fôn oedd y timau ymryson y beirdd a ffurfiwyd ac a fu'n hir ymhel â'r rhaglen radio hynod boblogaidd *Talwrn y Beirdd*. Yn achos tîm Bro Alaw, mae'r fformat hwn wedi annog beirdd benywaidd i godi eu llais, yn ogystal a chynnig golwg wahanol ar yr hen grefft. Un o'u plith a gollwyd yn rhy fuan o'r hanner oedd Sian Owen. Cyhoeddwyd casgliad o'i gwaith yn 2015,[23] ac yn y gerdd 'Mam' o'r gyfrol clywn gynildeb telynegol synhwyrus ar waith:

Rho i mi lun o lwybr
drwy'r goedwig: dal fy llaw
a thywys fi at lannerch,
at gysgod pan ddaw'r glaw.
Gad atgof ar yr awel,
cynghorion rhwng y coed ...
un dydd, daw dail yr hydref
i guddio ôl dy droed.

Bwlch arall a agorwyd chwarter canrif yn ôl bellach oedd marwolaeth y beirniad llenyddol a'r ysgolhaig Bedwyr Lewis Jones. Yn ei gywydd marwnad grymus iddo, parodd colli un o bennaf dehonglwyr llenyddiaeth Môn i Gerallt Lloyd Owen fynegi diddymdra'r awen ei hun:

Fe aeth yr haf o'i thir hi,
ardd wen, aeth cerdd ohoni,
ac yn syfrdan gynghanedd
mae Môn a'i beirdd mewn un bedd
ac un llais ei deugain llan
yn nhawelwch Llaneilian.

Ar derfyn y farwnad, sonia am niwl dros Laneilian sy'n mygu 'Awst ein heddiw astud' a 'Môn ein hyfory mud'. Ond braf yw datgan nad felly mohoni. Nid y lleiaf o gymwynasau'r gyfrol hon yw y bydd pelydrau ei geiriau yn tywynnu'u trwst yn Awstiau'r dyfodol – a hir y parhaed hynny.

Llion Pryderi Roberts

1 Gruffydd Aled Williams (gol.), *Hyfrydwch Pob Rhyw Frodir* (Llangefni, 1983), t.11

2 J. E. Caerwyn Williams, Peredur I. Lynch, R. Geraint Gruffydd (goln.), *Gwaith Meilyr Brydydd a'i Ddisgynyddion* (Caerdydd, 1994)

3 Dafydd Johnston, *Llên yr Uchelwyr: Hanes Beirniadol Llenyddiaeth Gymraeg 1300–1525* (Caerdydd, 2005), t.72

4 Ibid., t.71. Gweler hefyd dair cyfrol Barry J. Lewis o Ganu Gruffudd ap Maredudd yng nghyfres Beirdd yr Uchelwyr

5 Gruffydd Aled Williams, 'Môn y Beirdd', yn *Ynys Môn*, gol. Bedwyr Lewis Jones a Derec Llwyd Morgan (Llandybïe, 1983), t.94

6 Ibid., t.95; Dafydd Johnston, *Llên yr Uchelwyr*, tt.186–7

7 Dafydd Johnston, *Llên yr Uchelwyr* tt.409–11. Gweler hefyd Eurys I. Rowlands, (gol.), *Gwaith Lewys Môn* (Caerdydd, 1975)

8 Gruffydd Aled Williams, 'Môn y Beirdd', t.94

9 Dafydd Wyn Wiliam, 'Traddodiad Barddol Môn yn yr XVII ganrif', traethawd PhD (Bangor, 1983), t.89

10 Ibid., tt.135 a 172

11 R. J. Williams, 'Chwedlau o fro Marian Glas', yn *Llên a Llafar Môn*, gol. J. E. Caerwyn Williams (Llangefni, 1963), t.39

12 Dafydd Wyn Wiliam, 'Traddodiad Barddol Môn', t.155

13 Alan Llwyd, *Gronwy Ddiafael, Gronwy Ddu. Cofiant Goronwy Owen, 1723–1769* (Llandybïe, 1997), tt.20–1

14 Gweler Alun R. Jones, *Lewis Morris* (Caerdydd, 2004)

15 Bedwyr Lewis Jones, 'Goronwy Owen', yn *Gorau Cyfarwydd: detholiad o ddarlithoedd ac ysgrifau beirniadol*, gol. Gerwyn Wiliams (Caernarfon, 2002), t.75

16 Ibid.

[17] Bobi Jones, *Crwydro Môn* (Llandybïe, 1957), t.68

[18] Bedwyr Lewis Jones, 'Hen Eisteddfodau', yn *Ynys Môn*, t.133

[19] Allan James, *John Morris-Jones* (Caerdydd, 2011), t.144

[20] Bobi Jones, *Crwydro Môn*, t.15

[21] Gweler cyfrolau megis W. H. Roberts, *Aroglau Gwair* (Caernarfon, 1981) am fywiogrwydd diwylliannol pentrefi a chymeriadau ffraeth

[22] Emlyn Evans (gol.), *Awen Môn* (Llandybïe, 1960)

[23] Sian Owen, *Darn o'r Haul* (Llandybïe, 2015)

SONIA EDWARDS

Cafodd Sonia ei geni a'i magu yng
Nghemaes a chafodd ei haddysg yn
ysgol y pentref, Ysgol Syr Thomas
Jones, Amlwch a Choleg y Brifysgol,
Bangor. Bu'n athrawes Gymraeg am sawl blwyddyn
cyn ymddeol yn gynnar er mwyn canolbwyntio ar
ysgrifennu. Mae hi bellach yn byw yn Llangefni.

Gyda'i gilydd, cyhoeddodd ymhell dros ugain o
nofelau a chasgliadau o storïau byrion a hynny i blant,
pobl ifanc ac oedolion. Fel awdur rhyddiaith y mae'n
fwyaf adnabyddus felly, ond ysgrifennodd yn ogystal
gyfrol o farddoniaeth yn dwyn y teitl *Y Llais yn y Llun*
(1998), ac mae'r cerddi yn y gyfrol hon hefyd yn dangos
ei gallu fel bardd sensitif a synhwyrus. Enillodd Wobr
Llyfr y Flwyddyn yn 1996 am y gyfrol *Gloÿnnod* a'r
Fedal Ryddiaith yn Eisteddfod Genedlaethol Môn, 1999
am gasgliad o straeon byrion, *Rhwng Noson Wen* a
Phlygain.

Dau gariad ar lan Llyn Llywenan

Roedd yna haul hefyd
yn toddi hyd wyneb y llyn
er bod y dŵr yn oer:
glas y lloer
oedd o,
glas y môr ar ddiwrnod-llun-mewn-llyfr
a hwnnw'n llyfrïo,
yn chwalu'n donnau wrth i'r gwynt fesur ei gam
a dal ei rym yn ei fochau

a gwyddwn mai lliw felly
fyddai'n hyfory ninnau
a hwnnw'n bwrw'i glychau
trwy liwiau
dy lygaid di.

Stori garu

Weithiau
mae dy wyneb
yn cau fel llyfr

ac rwyt ti'n camu o'r golau
i fod yn un â'r cysgod yn dy lygaid
lle chaiff neb ddod atat:

weithiau
mae'r awyr yn feddal
fel deunydd dy grys

ac rwyt ti'n plethu dy eiriau
i dresi fy ngwallt
ac yn dallt
fy mod innau'n dy sgwennu dithau
rhwng llinellau
fy stori fy hun;

tynna i mi lun dau
yn sbio fry i'r golau

a rhof i ti ddiweddglo
lle mae'r ferch yn dawnsio.

Hen lwybrau
(ger Llanbadrig)

Hen lwybrau oedden nhw,
a glaswellt y glannau'n ildio
fel gwely plu dan bwysau'i thraed,
yn hudo'i chamau i'r llefydd uchel
lle'r oedd lleithder yng nghusan y gwynt.

Hen fôr oedd o hefyd,
yn ailwampio symudiadau'i gerddoriaeth hen
a smalio bod ei wên yn newydd:

trodd hithau at dynerwch
y pethau hyn,
at yr haul tafodrydd
yn slempio'r tonnau,
at y dydd,
a datod ei botymau
er mwyn teimlo'r glas nesa' at ei chroen

ac roedd y môr a'r awyr ymhleth
fel bysedd cariadon.

Rhannu pryd

(mewn gwesty glan y môr ym Môn)

Mi gafon ni frithyll a gwin
ac roedd y stafell yn olau,
'run lliw â'r blodau
yn y gwydr crisial
ar ganol y bwrdd
lle'r oedd ein calonnau'n cyfarfod.

Ac mi rannon ni fara
a chwerthin
fel tasa neb arall yn bod,
fel tasen ni'n gwybod
nad oedd brys,
bod gwell eto i ddod.

Yn nhiwn y tŷ bwyta
oedd yn olau i gyd –
rhannu pryd –
a'r haul yn ei wynfyd hefyd.

Dim lle

Agorodd ei fywyd
led y pen
a'i rhyddhau hi:

doedd 'na ddim lle
i'w chusanau
yn nhrefnusrwydd ei fyd.

Roedd ei chalon yn gynnes
pan ollyngodd o hi
rhwng ei fysedd

a chilio.

Pam felly y mynnodd ei gof ei chaethiwo,
a mapio llinellau dyheadau dau
ar gledrau ei ddwylo?

O hyd

Dydi o ddim yn brifo rŵan
pan fo d'eiriau'n fflantio
dros erchwyn fy nghof

a dy wenau'n disgyn
yn grin,
yn gwatwar hen Fehefin
pan safodd y tymhorau
a syllu.

Dydi o ddim yn bynafyd
pan fo ddoe yn dychwelyd
fel adlais hen freuddwyd

o hyd
ac o hyd
ac o hyd.

Mae o yno,
dim ond nad ydi o'n brifo
'run fath.

Dyna i gyd.

Rhwng dau glawr

Rwyt ti'n rhan
o'm rhyddiaith i,

yn rhan o'r llun

sy'n mynd a dod

rhwng dau glawr.

Roedd fy nghalon yn crygu
a rhoddaist iddi gân

ond fiw gweiddi'r geiriau,
dim ond sibrwd eu sïon,
anwylo'u hystyron,

gwrando'u hwian-llais-lleian sy' fel hisian y lli
ac ofn chwalu'r hud sy'n dy glymu i mi.

Rwyt ti'n rhan
o 'nghyfrinach i,

ond brifo braf yw dy garu di.

27

ANNES GLYNN

Un o frain sionca' Brynsiencyn yn wreiddiol. Er iddi fudo i Arfon ers deugain mlynedd mae ei chyswllt â'i hynys enedigol mor agos ag erioed a braint o'r mwyaf iddi fu cael gwasanaethu fel Derwydd Gweinyddol Gorsedd Beirdd Môn dros y tair blynedd diwethaf.

Mae'n ddiolchgar i'w diweddar rieni, y meddygon John Glyn a Mair Humphreys Jones, am ei magu i garu a gwerthfawrogi'r 'Pethe'. Roedd y naill a'r llall yn ymddiddori mewn gwahanol agweddau ar y celfyddydau a gweithredodd ei mam ar gyngor Dr John Gwilym Jones, y Groeslon, sef i ddarllen barddoniaeth i'w phlant o'r crud. O ganlyniad, bu cariad at eiriau a rhythm iaith yn rhan o'i bywyd ers yn ifanc iawn.

Enillodd Goron a Chadair Eisteddfod Môn a Medal Ryddiaith yr Eisteddfod Genedlaethol. Rhyddiaith, a'r stori fer yn benodol, oedd ei chariad cyntaf ond dros y blynyddoedd profodd y gynghanedd yn atyniad na allai ymwrthod ag o. Bellach llunio cerddi a wna yn bennaf, yn ganu caeth a cherddi rhydd. Nid yn unig y mae hyn yn 'waith' wrth fodd ei chalon ond, a hithau'n nain i bump o blantos erbyn hyn, mae creu ar gynfas llai yn fwy ymarferol y dyddiau yma!

I flwyddyn newydd

Mae llechan lân eleni – yn wyneb
    dianaf, ond wel'di
    'mhen blwydd bydd creithiau drwyddi,
sgriffiadau'n diwrnodau ni.

Ynys Tysilio

Ar ynys rhwng dwy bont mae ffydd yn swatio
mewn pwt o eglwys lle cawn gyfle i encilio,
ond heddiw, pan fo'r fechan yn cyd-deithio,
un antur hir yw troedio tir Tysilio.

Mae 'Be?' a 'Pam?' ohoni yn llifeirio,
a rhyfeddodau'r lle yn wreichion sydd yn pefrio
ym myw ei llygaid pan fo'n holi a stilio,
a'r dŵr yn wydr clir ger tir Tysilio.

Priodas ddaw i'r llan wrth inni grwydro,
mae hithau'n fwrlwm prysur rhwng y beddau'n sgipio,
yn chwarae ar y ffin rhwng gwên ac wylo,
y crin a'r ir sy'n hanfod tir Tysilio.

Yn gyfrin, rhwng dwy bont, mae ffydd yn cydio
o hyd yng nghalon barod rhai sy'n dal i'w cheisio,
i ni, bydd diniweidrwydd yn blodeuo'n
atgofion hir rhwng meini tir Tysilio.

Hydref ym Miwmares

Yr haf a laciodd hwyliau'r heli hardd,
daeth chwerthin plant yn herio'r tonnau chwim
i 'sgafnu calon teidiau'n trin yr ardd,
a'r dre'n cofleidio'r ysbryd 'malio dim'.
Lle bu garsiynau wrthi'n gwasgu trefn,
byddinoedd o ymwelwyr grwydrai'n rhydd
hyd lawnt y Green a'r siopau strydoedd cefn
eclectig. Nes trodd lliwiau'r dail a'r dydd.
Diflannodd y criw iau a flysiai ddêt,
yn loetran ac yn piffian ar y stryd,
a chyplau brith sy'n sgwrsio yn sidêt
yn lownj y Buckley, a'r hen chwantau'n fud.
Rhyw don arafach sydd yn mwytho'r lan.
A ildiaf i i'w rhythm? – yn y man.

Cofio dy wyneb

(er cof am Sian Owen, Marian-glas)

Mae hiraeth mewn cerdded traeth;
dagrau
yn ochneidiau'r don,
heli
ym mhig yr wylan blagus
uwch fy mhen.

Ail-luniaf gamau ein tro,
llywio fy ffordd rhwng geriach gwyliau,
gwelyau haul,
teganau plastig,
gwymon acenion diarth.

Mae Benllech dan ei sang.

Môr o wynebau,
a dim ond broc ar eu glan.
Yn fy llaw, cragen wag;
dy wên anghyffwrdd
yn nofio'n fy llygaid.

Llanddwyn

Blas cusan, tonnau'n anwes
a'r dyddiau'n hir. Daw ddoe'n nes ...
Rhwng bodiau, gronynnau'n hel
a rhywun ar yr awel
yn mwmian cân; murmur cwch
a rwyfa drwy'r arafwch,
ac ar ael fwyn y twyni
un a ŵyr ei chuddfan hi.

Na, nid tirlun yn unig
yw'r man lle bu'n chwarae mig;
lle ynddi yw traeth Llanddwyn –
ei Môn gynt, a'i mannau gwyn.

Ailymweld

Ar fap mae'n bwynt sefydlog
a'r enw, fel erioed,
yn dwyn i gof derfynau rhydd
fy myd yn ugain oed,
yn crwydro'n griw i gicio'r bar
a'r haul yn gynnes ar ein gwar.

Ond ni all unrhyw allwedd
ar fap ddarlunio'r trai
a'r llanw sy'n gwahanu,
y cylch sy'n mynd yn llai;
wrth groesi prom a cherdded stryd
rhyw ymlid cysgod wnaf o hyd.

Yr un yw dawns osgeiddig
y tonnau, ond mae'r dŵr
yn canu mewn cyweiriau iau
a'r gro yn rhygnu'n stŵr,
a dyna pam yr wfftiaf fi
gysondeb map wrth wylio'r lli.

R. J. H. GRIFFITHS
(Machraeth)

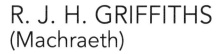

Gofynnwch i Fonwysion a ydyn nhw wedi clywed am Robert John Henry Griffiths ac mae'n siŵr mai rhyw ysgwyd eu pennau a wnâi'r mwyafrif, ond gofynnwch a glywson nhw am Machraeth a bydd y mwyafrif yn nodio.

Ysgrifennodd Machraeth ddegau, os nad cannoedd, o englynion i'w rhoi ar gerrig beddi ym Môn, degau o emynau ar gyfer pob achlysur, cywyddau, awdlau a cherddi digri; bu ei gynnyrch yn rhyfeddol. Golygodd golofn farddol *Y Rhwyd* ers blynyddoedd lawer gan lenwi'r rhan fwyaf o'r golofn ei hun bob mis. Mae'n llond tudalen o gymêr ac yn ddyn sy'n edrych fel bardd os bu un erioed, yn drwsiadus bob amser gyda'i dei bo lliwgar. Mae'n awdur pedair cyfrol o farddoniaeth a hunangofiant hynod ddifyr, *Gwenau a Dagrau'r Daith* sy'n esbonio llawer ar gefndir rhai o'r cerddi.

Pytiau diddorol o hanes Môn yw ei gyfrol ddiweddaraf, *Hanes Mam, sef Ynys Môn*. Mae wedi ennill tua hanner cant o gadeiriau gan gynnwys Cadair Eisteddfod y Wladfa, Cadair Eisteddfod Daleithiol Powys a Chadair Eisteddfod Môn 2014 ar ôl ennill y Goron yn 2013.

Dau gartref

Mae'r lloer wen yn llawn heno,
Ôd yn cau ar friwiau'r fro,
A hen ŵr yn hedd y nos
Yn ei hiraeth yn aros
Am sŵn car ddôi i'w gario
O'i drig am yr olaf dro.
Popeth o werth 'di'i werthu
Heb un dim ond biniau du
Yn un stôr o drysorau
O ryw ddoe fawrygai'r ddau.
Ond heno aelwyd henoed
A ranna ef â'r un oed.
Wylodd, ond er anaele
Wylo hwn, 'mae'n well ei le'.

Y criw tawel gornelwyd, – eu dyddiau
Mwyaf diddan gollwyd,
Ddoe yn llon ond heddiw'n llwyd
A gwelw ar ffug aelwyd ...

Ond gofid yw atgofion
Yn y llwm ystafell hon;
Rhôi ei fyd am funud fer
O nefoedd, ond yn ofer.

I gofio'r diweddar
Charles Williams, Bodffordd

Actor uwchlaw actorion
Godidocaf, mwyaf Môn,
A chapel Gad fu'i RADA,
Hyn a doeth rieni da.
Drwy bob cam, ei fam a fu
Yn ysgol iddo ddysgu,
Mynd a dod i 'steddfodau
Yn ddoeth am ryw swllt neu ddau.
Datblygodd yn adroddwr
Gwerth chweil, heb or-steil na stŵr;
Yna Sam o'r BBC
Roes iddo res o swyddi;
Portreadwr, deudwr da,
Anwylyn oedd ddoniola,
Un mawr ym mhob cymeriad
A dyn fawrygai ei dad
O deiliwr, pen ei deulu,
Ond un o fflam ei fam fu.
Anghyffredin werinwr
A dyn â'i hiwmor fel dŵr,
Hwnnw'n groyw, loyw lân,

Yn goeth drwy bob brygowthan.
Nid iaith aflan a rannai,
Nid y baw na gweled bai
Ond rhyw wên oedd yn denu
Yn ei faes a magned fu.
Tu ôl i'r llen mae heno,
Ni fu tristach, bruddach bro.
'Rhen gyfaill rŵan gofiwn,
Cristion di-ffael, hael oedd hwn,
Dan ei wên fe gadwai'n iach
Y geiriau oedd ragorach
Na dim a glywodd un dyn,
I mi ei weddi oeddyn',
A fo ei hun ddihunodd
Yn y fan oedd wrth ei fodd.

Rhosyn

Tros nos bu farw'r rhosyn – a wylodd
Ei betalau claerwyn
Yn hydre'r ardd, ond er hyn
Oeda ei bersawr wedyn.

Y Ddraenen wen

Mewn perth hi yw'r brydferthaf – yn gwenu
Drwy'r gwanwyn siriolaf,
Ond er hyn a mwynder haf
Dan eira mae dyneraf.

Myfyrdod bore a hwyr o haf

Byr ei hyd yw bore o haf, – heulwen
A gilia a gwelaf
Hydref a'i wae a'r gaeaf
Yn cloi gobeithion y claf.

Yr Ysbryd

Gwyliais ond wedi gwylio – ni welais
I olwg ohono,
Yna cawn mai'n nyfnder co'
Yn agos y myn drigo.

Bywyd

Rwy'n dynged yr un hedyn – yn y groth
Oedd â grym i dderbyn
Yn yr wy ryw ran o'r hyn
Ydwyf drwy 'mywyd wedyn.

Genynnau

Yn strwythur ein gwneuthuriad – yn huno
Mae'n genynnau'n wastad;
I'r rhain fe roddwyd parhad
Yn curo 'nghwlwm cariad.

Celwydd amlwg

Gŵr diog â gorduedd – i orffwys
Cyn gorffen sy'n gorwedd
Yn y fan, ond ar ei fedd:
'Da ŵr diwyd i'r diwedd'.

Y Tywysog Siarl

Ble gebyst gest ti'th glustiau? – Ni welwyd
Gyffelyb ar fygiau,
'Styriwch yr anawsterau
O gael fflap ei gap i gau.

Beddargraff actor

Bu'n actio blaenor am flynyddoedd maith
A mynd fel buwch i'w stôl o Sul i Sul,
Nid ydoedd o yn Gristion pybyr chwaith
A rhodiai ar y dde i'r llwybyr cul
Gan wfftio'i frawd eisteddai gydag o
Ar glustog hen moethusrwydd y sêt fawr
A throi i ganu fel rhyw ddyn o'i go
Gan edrych lawr ei drwyn ar lwch y llawr.
A gwyddai cyn ei fedd na allai fyw
I actio rhith barchusrwydd ymhlith saint
Ac ymddiswyddo wnaeth o erwau Duw,
Nid oedd y swydd yn haeddu dyn o'i faint.
Ac aeth i'w fedd a llygad neb yn llaith
Heb fod yn flaenor nac yn actor chwaith.

DEWI JONES

Brodor o Fro Goronwy yw Dewi
Jones. Bu'n athro yn ysgolion Môn cyn
ymddeol yn 1982 yn brifathro Ysgol
Goronwy Owen, Benllech. Bu'n driw
i'w fro gan ailsefydlu Cymdeithas Lenyddol Bro Goronwy,
codi'r Gymdeithas Hanes a rhoi cychwyn i'r *Arwydd*,
papur bro y bu'n olygydd arno o 1982 hyd 2002 ac yn
golofnydd iddo ers 2002. Mae'n awdur nifer o lyfrau yn
cynnwys dwy gyfrol o gerddi i blant, *Cerddi Mathafarn,
Fesul Tamaid* a *Caneuon Mathafarn*. Enillodd nifer
dda o gadeiriau eisteddfodol yn ogystal â gwobrau yn y
Genedlaethol am farddoniaeth a chyfieithiadau. Cynhwysir
dau emyn o'i eiddo yn *Caneuon Ffydd*.

Ers blynyddoedd bu'n cyfrannu at Eisteddfod Môn,
gan ddechrau fel stiward yn 1952, cyn dod yn Gadeirydd,
yn Llywydd Anrhydeddus, ac yna'n Gymrawd y Llys am
weddill ei oes. Bu'n aelod o bwyllgor y Gymdeithas Gerdd
Dafod, yn golofnydd *Barddas* ac yn feirniad Cystadleuaeth
Pat Neill am nifer o flynyddoedd. Ef hefyd oedd cadeirydd
pwyllgor gwaith Eisteddfod Genedlaethol Môn yn 1999.

Dyfarnwyd iddo Fedal T. H. Parry–Williams yn 1994
am ei gyfraniad i'r diwylliant Cymraeg a'r Fedal Gee yn
2006 am ei ffyddlondeb i'r Ysgol Sul. Fe'i dyrchafwyd
i'r wisg wen yn 1998 ac fe'i hanrhydeddwyd yn Llywydd
Anrhydeddus Eisteddfod Genedlaethol 2017, eto am ei
gyfraniad i'r diwylliant Cymraeg.

Lôn Bryn Engan

Mieri a drain sydd oddeutu
Hen lôn fach Bryn Engan i gyd,
Wrth gerdded ar hyd-ddi ni ddeuwch
At unman o bwys yn y byd.

Fe erys y gwlith ar y glaswellt,
Ond pontydd sigledig y gwawn
Ar frigau'r fiaren a'r eithin
Ddiflannant yn nhes y prynhawn.

Daw'r fronfraith yn brydlon i ganu
Ar frigau'r fasarnen gerllaw,
A rhincian ceiliogod y rhedyn
Yn gosod cyfeiliant di-daw.

Mae'r mwsog yn haen ar y cloddiau
A'r eiddew yn dagfa i'r ynn,
A chroesa'r iâr ddŵr yn y cyfnos
O'r fawnog at lannau y llyn.

Mieri a drain sydd oddeutu
Hen lôn fach Bryn Engan i gyd,
Wrth gerdded ar hyd-ddi ni faliwch
Am fannau pwysicach y byd.

Trwyn Dwrban

Nid oes berlau moethus, cain
Ar Drwyn Dwrban draw,
Dim ond dafnau ar y drain –
Perlau'r gwlith a'r glaw.

Nid oes aur yn ddirgel stôr
Dan y cerrig glân,
Dim ond melyn lannau'r môr –
Aur y tywod mân.

Nid oes arian dan y gro
Rhwng y rhedyn crin,
Dim ond arian byw ar ffo
Dros y tonnau blin.

Nid oes fawr o gyfoeth byd
Ar Drwyn Dwrban draw
Ond fe welaf i o hyd
Drysor ar bob llaw.

Mynydd Bodafon

Fe ddywedwn, yn barod iawn, nad oes yna Dduw
Pan fyddwn yng nghanol
Dur a brics a gwydr
Ein creadigaethau beilch.
A wnân nhw ddim dweud yn wahanol.

Unwaith, fe ddywedodd rhywun yno fod yna nefoedd,
Ond bob tro yr edrychem i fyny
Ni welem ond y tyrau trahaus
Yn ysgwyd eu pennau
A gwenu'n nawddogol.
A'r palmant yw'r gwirionedd.

Fe ddywedwn ninnau, yn barod iawn,
Nad oes yna Dduw
Wrth i ni gerdded adref
Rhwng ein gorchestion concrit.

Ond, o gyrraedd Mynydd Bodafon
Fe dyr anthemau'r adar ar ein clyw
A daw siffrwd y dail i dorri ar ein rhesymu.
Ddylem ni ddim mynd â'n daliadau am dro
I le fel hyn,
Does gan yr hen fynydd yr un iot o barch at ragfarnau.

Y *Royal Charter*

Fe gerddais draw un dydd o haf
Dros draethell braf Porth Dafarch
I weld y garreg wen a roed
I gadw oed â hiraeth;
Y môr yn dawel ac uwchben
Roedd gwylan wen yn loetran
Fel petai'n cofio'r storm a fu
Un noson ddu ddiloergan.

Y noson pan droes cyfoeth gau
Yn angau dan y tonnau,
Pan hawliodd môr ei aberth drud
Bellafoedd byd o'r Dehau;
Pan chwipiodd gwynt yr hwyliau brau
Yn garpiau ar y mestus,
Pan hyrddiodd môr ei ewyn gwyn
Yn ddychryn dan yr hatsus.

Oernadau, gweddi ddwys a rheg
Am osteg a thrugaredd
A foddwyd gan ddidostur gri
Holl symffoni dialedd;
Ond heddiw, does ar fore teg
Ond carreg wen a gwylan
I gofio'r aur o dan y don
A'r meirwon yn eu hafan.

Sglein

(i gofio 'Nhad)

Rhowch i mi wedd i'w chanlyn
Ar fore heulog clir
O dalar werdd i dalar
A'r swch yn rhwygo'r tir.

Rhowch i mi ddawns tinbrenni
Wrth bedair cadwyn gref
Ac uwch fy mhen, ehedydd
I foli 'nghrefft o'i nef.

Rhowch i mi'r gŵys i orwedd
Yn dwt wrth styllen chwim
A llygaid craff i osod
Y canol-cefn i'r dim.

Rhowch i mi flas y priddyn
Ar chwys fy min fel medd
A'r criglod yn gyfeiliant
I dincial balch y wedd.

A phan ddêl amser noswyl
Rhydd bwrw trem drachefn
Dros sglein y cwysi meinion
Ail wefr i lawr fy nghefn.

GERAINT JONES

Un o'r Gaerwen yw Geraint yn
wreiddiol, yn fab i fferyllydd y pentref
a'i fam yn athrawes. Disgrifia'i hun
fel 'un o dri o blant – y darn da
yn y canol rhwng dwy frechdan!' Cafodd ddilyn ei
ddiddordeb ysol trwy fynd i ffermio Pencefn Mawr,
Coedanna, Llannerch-y-medd hyd ei ymddeoliad.

Dechreuodd ei ddiddordeb mewn barddoni yn yr
un dosbarth nos ag Alan Wyn a Cen Williams yn Ysgol
Bodedern tua 1979. Bu'n aelod o Dîm Talwrn Bro Alaw
o'r cychwyn cyntaf ac mae'r diweddar Brifardd Gerallt
Lloyd Owen yn cofio un peth ac un peth yn unig am
un o'u gornestau cyntaf, sef '... gwaith rhyw Geraint
Jones. Roedd pawb, gan gynnwys aelodau'r tîm arall, yn
rhyfeddu at ddigrifwch y gân, 'Gallasai fod yn Waeth''.
Mae hefyd yn falch iawn o'r ffaith bod y bardd
R. S. Thomas, o bawb, wedi gofyn i'r BBC am gopi o'r
gerdd 'Ffrindia Jên' wedi iddi gael ei darlledu.

Enillodd Gadair Eisteddfod Môn yn 2002 ond
mae dyddiad 2001 hefyd ar y Gadair. Dyna flwyddyn
aflwydd y traed a'r genau a gohiriwyd yr eisteddfod am
flwyddyn. Mi gydiodd y cynganeddu ynddo fo fel gelen
neu fel golff. Mae gan Karen Owen gywydd iddo ar y
CD *Lein a Bît yng Nghalon Bardd*.

Ffrindia Jên

Saer o'r ardal oedd y cynta,
Dyn mawr *plaen* a dweud y lleia,
Ond roedd hwn yn hoff o *sgwario*
Bydd yn amser *cyn* daw o eto.

Ffermwr ieir oedd 'r ail i alw,
Un o *Glwyd*, dyn bach disylw;
Credai'i fod o'n glamp o *dderyn*,
Pluodd Jên o, ni ddaeth wedyn.

Un o *Wynedd, cirodopydd* –
Mr *Bunyan* oedd y trydydd;
Aml iawn bu ffor'cw'n *troedio*,
Canai'i *gorn* wrth fyned heibio.

Bil o *Manweb*, 'nôl ei arfer,
Fyddai'n galw bob rhyw *chwarter*;
Er ei fod yn *oleuedig*,
Dyn *di-sbarc*: roedd hi'n siomedig.

Bardd o *Limeric* yn llawn afiaith
Gerddodd ati *draws* gwlad unwaith;
Dychwel wnaeth gan araf *lusg*o,
Creadur bach, ni chafodd *groes*o.

Larwm oedd y *boi trin clociau*,
Dauwynebog, aros *oriau*;
Pasio'r amser, dyna'i dacteg,
Nid oedd hwn yn *taro deuddeg*.

Ond yn awr mae Jên am briodi,
Mae hi'n canlyn *pobydd* teidi;
Dwed fy nhad yn ddigon smala,
Toes dim gobaith iddo *bara*.

Dyletswydd

Pa un a dynnaf o'r pair, – fy wyres
    A'i hyfory disglair,
Neu 'Nhad sy'n gaeth i'w gadair
Yn ei ddoe gyda'i ddau air?

I'r nyrsys ar Ward Dulas

Ni does pall ar eu gallu, – oriau hir
    Tra bo'r ward yn cysgu;
Oriau llawn yw oriau'r llu
Angylion traed fy ngwely.

Môn

Y mae eira ym Meirion, – a rhewi
    Mae'r awel yn Arfon,
Ond fe groesaf yr afon,
Y mae haul ar erwau Môn.

Amser

Dim ond moment yn blentyn, – onid aeth
    Pob dydd heibio'n sydyn?
Heddiw, llusgo fel blwyddyn
Mae y nos a minnau'n hŷn.

Wembley

Mae'r llwyfan mor wahanol, – yn fy nghof
Rwyf yng nghae yr ysgol
Yn ffeinals y gorffennol
A dwy gôt yn bostiau gôl.

Ymddeol

Mwyniant, dyna'n dymuniad, – i elwa
O ddilyn hen alwad
Orielau hardd llwybrau'r wlad
Yn heulwen ymddeoliad.

Cusan

Pleser ar frig pleserau, – un heb iaith,
Un heb oed na ffiniau,
Arwydd heb iddo eiriau
Yn dweud y cyfan rhwng dau.

Cyflwynedig i fenywod Byddin y Tir (Land Girls)

Dim enwau ond y meini – yn gofnod
I'r genod fu'n gweini,
Pob nithlen wedi'i llenwi
Â chnwd ein holl ddiolch ni.

Cerdd Goffa J. Tegwyn Thomas, Llannerch-y-medd

(tad y ddarlledwraig Nia Thomas)

Yn y winllan roedd perthi gwahanol,
O iaith heddiw i'r Sioe Amaethyddol,
O feirdd yr osgordd i fwrdd yr ysgol,
A mwynhau dyddiau y byd gwleidyddol.
A'i nod am y dyfodol – gwneud Athen
Ei fro a'i Eden yn lle delfrydol.

'N ôl ei arfer aeth i'w ardd a'i gweryd,
A'i 'fore da' a'i lafurio diwyd;
Yno y bu yn gwarchod ei bywyd,
Yno y gwelodd wir werth ei golud,
Yn haul a gwynt, yn fêl i gyd, – rhywfodd'
Yma y tyfodd y wermod hefyd.

O dawelwch ei dalar
Ac o wres sgwrs hogiau'r sgwâr,
Bu'n llais i bawb yn y Llan
A chanllaw gwych i'w winllan.

Yn ei ardd roedd fwy na neb
A'i ofal am gae'r gofeb,
Yn hapus yn ei gapel
A Chae Parc a'r cicio pêl.

Y sawl osododd seiliau
A'r rhain o hyd sy'n parhau,
Rhoi ei ddoe i'w braidd a'u hŵyn
I'w winllan, ac i'w Fronllwyn.

Wedi oes faith o weithio – daw eraill
I'w dir i lafurio,
Tra byddo cwrdd, tra bydd co',
Ei ddylanwad ddeil yno.

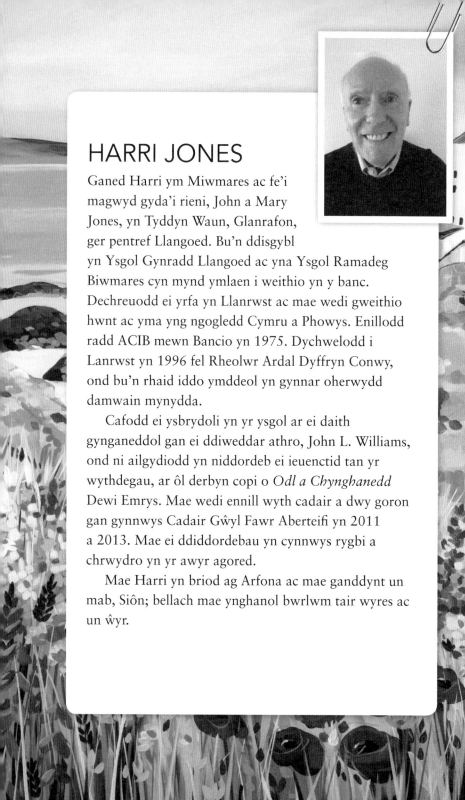

HARRI JONES

Ganed Harri ym Miwmares ac fe'i magwyd gyda'i rieni, John a Mary Jones, yn Tyddyn Waun, Glanrafon, ger pentref Llangoed. Bu'n ddisgybl yn Ysgol Gynradd Llangoed ac yna Ysgol Ramadeg Biwmares cyn mynd ymlaen i weithio yn y banc. Dechreuodd ei yrfa yn Llanrwst ac mae wedi gweithio hwnt ac yma yng ngogledd Cymru a Phowys. Enillodd radd ACIB mewn Bancio yn 1975. Dychwelodd i Lanrwst yn 1996 fel Rheolwr Ardal Dyffryn Conwy, ond bu'n rhaid iddo ymddeol yn gynnar oherwydd damwain mynydda.

Cafodd ei ysbrydoli yn yr ysgol ar ei daith gynganeddol gan ei ddiweddar athro, John L. Williams, ond ni ailgydiodd yn niddordeb ei ieuenctid tan yr wythdegau, ar ôl derbyn copi o *Odl a Chynghanedd* Dewi Emrys. Mae wedi ennill wyth cadair a dwy goron gan gynnwys Cadair Gŵyl Fawr Aberteifi yn 2011 a 2013. Mae ei ddiddordebau yn cynnwys rygbi a chrwydro yn yr awyr agored.

Mae Harri yn briod ag Arfona ac mae ganddynt un mab, Siôn; bellach mae ynghanol bwrlwm tair wyres ac un ŵyr.

Eglwys Sant Cwyfan

Af i ardal myfyrdod, – i gesail
Hen gysegr digysgod,
Ynysig, unig, hynod.

Fe rodiaf i hyfrydwch – ei chiliau'n
Chwilio am ddedwyddwch
Llawn o hedd a llonyddwch.

Dros y bont cerdded wedyn – a phoer oer
Afon Ffraw yn disgyn,
Chwaraeai'n rhych yr ewyn.

Dilyn cwrs dolennog hon – a chorws
Ei cherrynt o suon
Ar wefus tonnau'r afon.

Olion fel cad a welir – ar wyneb
Cyrrau anial pentir
Lle bu ton yn lleibio tir.

Meini gwal oedd yma'n gwau – yn gadwyn
Gadarn ar hyd ffiniau
Ddyrnwyd yno yn ddarnau.

Araf bob cam fy nghamau – a dringais
Ar hyd rheng o risiau
I'w gri Ef sy'n trugarhau.

Yn fud myfyriaf wedyn
Yno i gainc y tonnau gwyn
A'r eglwys wen dan len las
O harddwch uwch ei hurddas.

* * *

Af yn ddwys i fin y ddôr – i chwilio
A chael haen o drysor
O firain hedd cyfrin Iôr.

Eco gweddïau eneidiau'n oedi
A hen ogoniant Nêr oedd yn geni
Ynof yn wylaidd i brofi – lloches,
Tangnefedd neges mynwes ei meini.

Trwy'r ffenestr hudol olau
Ar hen bren llawn oerni brau,
Er yn hen yr un yw hud
Anferth drawstiau o'r cynfyd,
A rhyw ddwys ddistawrwydd oedd
yn sisial hanes oesoedd.

O fewn yr Eglwys lwysedd – hen urddas
Yn arddel tangnefedd,
Allor blaen dan haen o hedd.

Paradwys cymwys cymun – yn orlawn
O arlwy amheuthun;
Yma er cof am Iôr cun.

Yno yr oedaf a'r nen yn gwrido
A'r haul a'i loywder yn hanner huno.
Aflonydd donnau diflino – dan hud
Sidanaidd olud yr ennyd honno.

O odre'r graig draw i'r gro – llonyddwch
Llawn o hedd oedd yno
O dan nawdd Ei adain O.

Cadw
Detholiad

Ganed fy ngherdd o gyni – wedi i'r cof
Gadw'r cur i gronni,
Yng nglyn hallt fy nghalon i.

* * *

Yn nhawelwch hen aelwyd
A thân llwm y bwthyn llwyd
Syllaf i'r ddunos allan
A'm calon yn wylo'n wan.

Gwylio ing gwely angau, – yn addfwyn
A greddfol daw dagrau,
Hen y cur amdani'n cau.

Mor wyn ei phryd morwynol – yn ddylif
O eiddilwch grasol
A'r Iesu'n nesu i'w nôl,

Yn dwyn nef ei Duw yn nes – a'i heddwch
Yn mwyneiddio'r neges
Ym mynwent fach fy mynwes.

Mud fy llygad teimladwy,
Nid oedd mêl i'm dyddiau mwy,
A'r dagrau o'u rhwymau'n rhydd
Yn gwlwm am ei gilydd.

* * *

Llawen oedd mewn llonyddwch, – a rhodiaf
Ym mharadwys heddwch
A chael awr uwch llawr ei llwch.

At ywen werdd y cerddaf, – wrth ei bôn
Porth ei bedd a welaf,
Yn fy hiraeth myfyriaf.

Taenu'r beddrod â blodau – o hiraeth
I flaguro'n ddagrau,
Yn ddolur i'm meddyliau.

Yno yr oedaf a'r nen yn gwrido
A chorau anwel fel clych awr huno.
Daeth awel oer ffarwelio – a'i dolur,
O dan y gwewyr mae'r blodau'n gwywo.

Y gro'n llaith a'r dagrau'n lli – yn gorwedd
O gariad amdani,
Wylo wnaeth fy nghalon i.

Atgofion

Af i ardal fy nghalon – i rannu
Cyfrinach atgofion
Yn wên gêl yn y galon.

A draw i Langoed yr af
Â'r bore ar ei buraf,
Troi'n ôl tua'r hen aelwyd,
Atgofion o'r galon gwyd.

A mi'n oedi munuda' – ar y bont
A'r dŵr bas ym mhylla'
Yr afon oer derfyn ha'.

* * *

Ac yna mi grwydraf i Lanrafon
At olion llwybrau hen giliau'r galon,
Awr ddedwydd o freuddwydion – fy mebyd
Yn hyfryd olud y teg awelon.

Cartref fy mebyd hudol
Yno, ond mor wahanol;
Dolen o fy ngorffennol
Yn dwyn oes echdoe yn ôl
Lle bu'r hwyl a llwybrau oes
O wanwyn cynnar einioes.
Paradwys rhwng parwydydd
Llawn o gariad rhad a rhydd.

* * *

Gafael mae'r holl atgofion – ar riniog
Dôr annedd fy nghalon;
Gwireddwyd fy mreuddwydion
Yn fud dan hud y fro hon.

MYFANWY BENNETT JONES

Mae Myfanwy yn un o blant Môn,
wedi ei geni a'i magu yn Amlwch,
lle derbyniodd ei haddysg. Bu'n
gweithio yn llyfrgell Coleg y Brifysgol, Aberystwyth
a chyda merched ar eu prawf yn Swydd Efrog cyn
ymgartrefu ym Mhen Llŷn, lle bu ei gŵr yn weinidog.
Dychwelodd i Fôn wedyn, i Lanfair Pwllgwyngyll,
lle magwyd ei dwy ferch, ac yma mae'n byw o hyd.
Bu'n gyd-arweinydd Ysgol Feithrin Llanfair, ac yna yn
gweinyddu cyrsiau yn Adran Addysg Prifysgol Bangor.

Cyhoeddodd gyfrol o ysgrifau a rhai cerddi,
Briwsion (2008), a chyfrol o wasanaethau, *Dan
Arweiniad y Plant* (1992), sydd yn cynnwys cerddi o'i
gwaith. Ymddangosodd darnau o'i gwaith mewn nifer
o gasgliadau a chylchgronau, a chyfrannodd eiriau
caneuon i blant mewn tair cyfrol o waith ei merch, Ceri
Gwyn. Enillodd wobrwyon am ryddiaith a barddoniaeth
yn yr Eisteddfod Genedlaethol, Eisteddfod Môn ac
mewn eisteddfodau lleol, a defnyddiwyd darnau o'i
gwaith ar gyfer cystadlaethau mewn eisteddfodau.

Yfory

Mor brysur y bysedd
Yn eu perffeithrwydd aflonydd;
Minnau'n gwylio,
Yn dotio
O weld yr ymestyn digynllun
Yn troi'n afael trwsgl, –
Yn drin ymchwilgar,
Yn ymwneud celfydd.
Tynnaf fwyniant o bob gwneud o'th eiddo.
Ond cofiaf
Mai dirwyn yr wyt edafedd fy nyddiau
Trwy brifiant chwim dy fysedd.

Ac eto, bydd y rhai hyn,
Wedi ymddatod o bwythau fy mod,
Yn brodio haen newydd o hanes
I dapestri fy nhras.

Cyffro

Tawel oedd ein hafan,
Dim ond ni'n dau
A dyfroedd difwstwr ein bod a'n byw
Yn llepian
Hyd furiau'n harbwr clyd.
Y ddwy a fu'n fwrlwm o fynd a dod,
O flerwch a direidi,
O hanes ennill a cholli,
Gyda'u gwenau a'u dagrau bob yn ail,
A'u ffrindiau'n llenwi'r tŷ, –
Y rhain, yn nhrefn pethau, bellach wedi hwylio.

Ond dros y bar
Glaniodd fflyd o fadau
Y naill ar ôl y llall,
Gan ein trochi â'u hafiaith;
Llond hwyliau o obaith,
Â llonder yn gargo,
I lenwi'n porthladd tawel â chynnwrf,
Yn ateb i'n dyheadau.

Adwy

(i siop ym Môn)

Arogl ddoe sy'n croesawu
Wrth im gamu dros drothwy
A chlywed sŵn fy nhraed
Yn taro llawr coed treuliedig.
Ystorfa o erstalwm:
Trysorfa o bethau-bob-dydd,
Driphlith draphlith ar silffoedd,
Mewn blychau,
Ar gownter a'r blynyddoedd arno'n sglein.
Ac yn gymysg â'r trugareddau oesol,
Dyma reidiau at bob arbenigedd,
I ddiwallu angen crefftwr a gwraig tŷ.

Yna,
Wedi derbyn bron yn ddi-feth yr hyn a geisiwn,
Camaf allan
I stryd fawr y gwerthwyr tai,
Yr elusennau,
Y prydau parod,
I lwydni y popeth-'run-fath.

Storm

(Llongddrylliad y *Royal Charter*, Hydref 26ain 1859)

Brenhines y tonnau –
Ni fu ei chyflymed yn nannedd y gwynt:
Cymylau o hwyliau
A'i gyrrai ar siwrne ynghynt ac ynghynt.

Y dychweledigion
Wynebent mewn hyder ar ddiwedd eu taith,
Ac euraid ddyfodol
Yn agor o'u blaenau 'rôl llafur mor faith.

Ond gerllaw y glannau
Roedd bwystfil yn stelcian, yn ysu am brae,
A'i rym didrugaredd
Yn rhuthro i rannu ei groeso o wae.

Melin

Mor galed y bu'r llafurio
Yng nghysgod yr hwyliau llawn,
A 'nhylwyth uniaith yn feini
Cymdogaeth, gan rannu o'u dawn.

Gwasgarwyd y disgynyddion
Fel mân us i'r pedwar gwynt,
Ac ni cheir yn awr felinydd
I drin yr hwyliau fel cynt.

Preswylfa sydd yma bellach
A ddenodd eraill i Fôn,
A 'Mona Mill' sy' ar garreg
Osodwyd ger llidiart y lôn.

RICHARD PARRY JONES

Yn wreiddiol o Langefni, fe'i
magwyd yn nhref Caernarfon ac
wedi cyfnodau ym Môn, dychwelodd
i dref y Cofis lle mae'n byw ar hyn o bryd. Graddiodd
yn y Gymraeg ym Mhrifysgol Cymru, Aberystwyth a
dechreuodd ei ddiddordeb yn y gynghanedd yn ystod ei
gyfnod yn dilyn gradd MA yno.

Mae bellach wedi ymddeol wedi dros ddeugain
mlynedd o gyfraniad i fywyd cyhoeddus Ynys Môn,
yn gyntaf fel athro Cymraeg mewn dwy o ysgolion
uwchradd y sir, Ysgol Syr Thomas Jones, Amlwch ac
Ysgol David Hughes, Porthaethwy. Ar ôl cyfnod yn
Gyfarwyddwr Addysg Cynorthwyol yng Nghyngor Sir
Gwynedd, cafodd ei benodi'n Gyfarwyddwr Addysg
Môn pan ad-drefnwyd y siroedd, cyn gorffen ei yrfa
yn ddiweddar fel Prif Weithredwr y Cyngor. Mae wedi
bod yn aelod cyson o Dîm Talwrn y Beirdd Bro Alaw
am dros ddeng mlynedd ar hugain, gan ganolbwyntio'n
bennaf ar dasgau'r canu caeth, yn ogystal â chyfrannu at
ymrysonau lleol. Mae hefyd yn aelod, er anrhydedd, o
Orsedd Beirdd Ynys Môn.

Bedwyr

Mae curlaw lle bu'r awen – a rhynwynt
Lle bu rhin cystrawen,
Heno llwm yw llwyfan llên
A dinoethwyd ein Athen.

Machlud dros y Fenai

Yn ddirgel drwy'r tawelwch – daw'r alwad
I'r haul wagio'i eurflwch
I'r hwyrddydd, a rhoi harddwch
Tarth Mehefin drosti'n drwch.

Y Fam Ynys

Unwaith bu'r hen fam ynys – yn rhannu
Ei grawn â'r anghenus,
Nes i'r fan, pob llan a llys,
Droi'n bair i'r estron barus.

Gweddi dros Fôn

A hi'n wanwyn bu'n hynys,
Ym mhob treflan, llan a llys,
Yn ferw o lafurwaith
Tra'n llyfnhau hen erwau'n hiaith,
A gosod had treftadaeth
Yn ei bryd mewn gweryd gaeth.

'Nes hyd erwau'r cynhaeaf,
Yn brydferth yn anterth haf,
Caed Ffydd, a chrefydd a chred,
Yn foddfa o dwf aeddfed;
Hithau ar lwyfan hanes
Yn llawn ei grawn, ddyddiau'r gwres.

Ond drwy'i gaeaf oeraf hi
Ein hynys sy'n dihoeni.
Nid yw irder ei herwau
Mwy yn faeth cenhedlaeth iau,
Bellach man yw ydlan hon
I ddiwylliant gweddillion.

Dduw mawr ein canrifoedd maith,
Dychwel drwy'r oerfel hirfaith
A thywys yr ynys hon
Yn gadarn o'r cysgodion;
Rho heulwen ei gorffennol
Eilwaith i'w heniaith yn ôl.

Arglwydd, dyro eto wŷs
I wanwyn dreiddio'n hynys;
Rho ynddi hen ynni'i hil
A'i hangerdd am Efengyl,
Ac o blith dy fendithion
Rho dy wres ym mynwes Môn.

O gwrando'n llef o grindir
A'n gwared, tyred i'n tir
I fywhau ein llannau llwm
Â mwy nag arlwy'r hirlwm;
Tyrd i'n cywain, arwain ni
I wanwyn ail ddadeni.

Llanddwyn – Ynys y Cariadon

Mae'r frân yn hofran o hyd
Yn farus uwch y foryd,
A'r môr ar orwel helaeth
Yn awchio cael treisio traeth;
Nid yw trai ond oriau tranc
Ein hafiaith nwyfus ifanc,
Ac un gwae ar fae o fyd
Yw byw ein tipyn bywyd.

Ond cyn daw'r don aflonydd
Drwy'r graean a difa'n dydd,
Mae ôl troed hyd ymyl traeth
Heno yn gwneud gwahaniaeth.

Stryd

Ddoe chwaraeem ein gemau
Ar ei hyd, yr hen a'r iau,
Martsio a rhuo'n parêd
Draw acw, codi'r wiced
A'r pyst gôl hefo stolion,
Dod â'n miri i lenwi'r lôn;
Am un awr ein stadiwm ni
Ydoedd yn nyddiau'r tlodi.

Ond stafell wely bellach
Yw stryd a byd plentyn bach,
Mae'i drysau ar gau i gyd
A'i hafiaith dan glo hefyd.

Eglwys Sant Cwyfan, Aberffraw

Mae'r môr yn herio'r muriau,
Yn rhoi'i brint ar fynor brau,
A'r gwynt yntau'n lafoer gwyn,
Yn llith ar feini llaethwyn.

Ond wedi'r drin daw hinon
I'r garreg deg uwch y don,
Ac egyr y llwybyr llaith
Ar wely'r culfor eilwaith.

Yfory

Yng ngardd gobaith ein hiaith ni
Mae henwr yn cymoni;
Mae wrthi, wrthi o hyd,
Yn ddiddiwedd o ddiwyd
Yn hau'r had yn naear hon,
A'i hagor i'w blanhigion,
Gan ddyheu ail-greu yn gry'r
Olyniaeth yn y plannu.
Rhoi ei ddawn a gorau'i ddydd,
Rhoi i'w ardd wna o'r wawrddydd
Hyd yr hwyr, cans gŵyr y gall
Yfory droi'n haf arall.

Galar

(wedi'r daeargryn yn yr Eidal, yn haf 2016, yn nhref fechan Ascoli
Piceno, cafwyd hyd i Giulia Rinaldo, naw oed, yn farw dan y
rwbel yn cofleidio ei chwaer fach Giorgia, oedd yn dal yn fyw ac
yn dathlu ei phen-blwydd yn bedair oed y diwrnod hwnnw)

Ar unigrwydd penblwyddi – yn ei chof
Llun o'i chwaer fydd ganddi,
A breichiau ei hangau hi
Yno'n dynn, dynn amdani.

Gelyn

(erydiad y môr ym mynwent Aberdaron)

Lloffa yng nghyfair y meirwon – eilwaith
Wna'r hen 'sbeiliwr creulon,
A dod i'r daflod wna'r don
Heno i hawlio'i phlwyfolion.

GWYN M. LLOYD

Mae Gwyn yn briod â Margaret, yn dad i Dewi a Nerys ac yn daid i chwech o wyrion. Cafodd ei eni yn Nefyn a phan oedd yn blentyn bu'n byw ym Mynyddbach, yng Nghaergybi a Dolgellau. Mae wedi ymgartrefu ym Môn ers bron i hanner canrif.

Ar ôl graddio mewn Saesneg yn y Brifysgol ym Mangor, bu'n cyflawni nifer o swyddi ym myd addysg. Bu'n athro a darlithydd Saesneg yn Ysgol Ramadeg Bae Colwyn, Ysgol Sir Ffestiniog a'r Coleg Normal. Gweithiodd fel Swyddog Addysg Môn, Swyddog Addysg gyda'r BBC, Prifathro Cynorthwyol y Coleg Normal a Chyfarwyddwr Gwasanaethau Myfyrwyr Prifysgol Bangor.

Er gwaetha'r ffaith fod ei dad, O. M. Lloyd, yn bur flaenllaw fel cynganeddwr, yn feirniad ac yn feuryn yn yr Eisteddfod Genedlaethol yn lled ddiweddar yr aeth Gwyn ati i gynganeddu. Y symbyliad yn y diwedd oedd penderfynu dilyn y gwersi a gyflwynwyd o 2005 ymlaen yng Ngholofn Farddol *Y Cymro*, ac mae'n wir ddiolchgar i Twm Morys am yr arweiniad a gafodd dros y blynyddoedd drwy'r golofn.

Mae'r rhan fwyaf o'r cerddi wedi eu cynhyrchu fel ymatebion i dasgau Twm Morys neu i destunau mewn amrywiol gystadlaethau, ac maent yn aml yn deillio o'i brofiadau fel gŵr, tad a thaid.

Cymerau

Yn ein bro ceir afon Braint,
Un sy'n rhannu'n rhyw henaint
Yn ddwy afon, ddaw hefyd,
Yn ôl eu gwahanol hyd,
I ben yn annibynnol;
Y ddwy'n un ni ddaw yn ôl.
A rhaid i bâr, er cariad
Gwir, er mor hir ei barhad,
Ddod i 'nabod anobaith
Unigedd diwedd y daith.
Rydd hyn ryw gysur i ddau
Mai môr yw ein cymerau?

Moel-y-don
(glanfa fferi afon Menai)

Gan nosi'n dawel ddiawelon
Mae yno degwch, mwy na digon,
I rai o hyd ddeil yn gariadon
Ar ymyl y dŵr ym Moel-y-don.

Melin wynt fodern

Islaw'r holl goesau mawrion – a'r breichiau
    Efo'u llafnau llyfnion,
    Nid hawdd yw derbyn fod hon
    Yn llinach Melin Llynon.

Gwynt

Chewch chi ddim ond teimlo chwaon – ei ddod
    Mewn hyrddiadau geirwon
    Neu'n dawel mewn awelon,
    Ond y mae i'w weld ym Môn.

Gwylan ym Mhenhesgyn
(tomen sbwriel)

Dyfarwn y clodfori – gynnau fu
    Gan fardd, ond rwy'n ofni,
    O weld lle'r wyt pan fwyti,
    Nad 'di-lwch dy degwch di'.

Graffiti

Nid er mwyn eu difwyno – y rhof air
    Ar furiau, ond ceisio
    Dweud yr wyf, un dydd, rhyw dro,
    Am ennyd, fe fûm yno.

Mewn oedfa

Mae'n od. Gall gair a nodyn – yn fynych
    Gyfuno mewn emyn
    Gyda ias all ysgwyd un
    Nad ydyw yn gredadun.

Dialedd

Mi wn mai'r peth dymunol – a fyddai
    Rhyw faddau'n Gristnogol,
    Ond myn hen gynneddf reddfol
    Y dylwn i dalu'n ôl.

Patagonia

O ddweud am holl freuddwydion – y fintai,
    Am fenter y dewrion
    A'u hanes hwy, cofiwn sôn –
    Roedd gan diroedd frodorion.

Aberstalwm

Yn hŷn, i ddyn, beth fyn ddod – yw mynd draw
    Am hen dre'i blentyndod
    A chreu rhith, dyna'r chwithdod,
    O fan a byw na fu'n bod.

Cwpledi

Nid oes o hyd mewn moesau
Ddewis clir rhwng gwir a gau.

~

Waeth faint o ganmoliaeth fydd,
Gŵr unig yw arweinydd.

~

Dweud, yna ail-ddweud wedyn,
Dyna wnawn wrth fynd yn hŷn.

~

Ganwyd bywyd amgenach
Ynom ni trwy'r babi bach.

~

Beunydd mewn byd o boenau
Mae 'na hwyl ac mae mwynhau.

~

Fe flysiaf am yr afal
O'i weld y tu draw i'r wal.

Taid a'i ŵyr

Mae'n rhaid i bob taid, yn tydi, – i'r ŵyr,
    O'r awr y mae'n codi
    Fod yn stôr o ddiddori;
    A hyd nawr, dyna o'n i.

Rydw i'n barod i redeg,
Yn dda wrth gyfri at ddeg,
Chwilio trysor, dweud stori,
Troi rownd a rownd, hwyl di-ri,
Hwyl bi-bo, ji ceffyl bach,
Fyny a lawr, cawr, corrach,
Gwneud jig-sos a chreu posau,
A mwy na hyn i'w mwynhau,
A chyngerdd hwiangerddi
Oes dy daid i'th suo di.

Ond am brudd; mae'r dydd 'di dod
I wynebu, cydnabod,
Yn dair oed, nid yw'r rhai hyn
Yn agos at ddant hogyn,
Un sy'n dweud, os nad â iaith,
Yn symyl, '*Taid, dos ymaith.*
Daeth amser i'r gwir chwerw;
Ti rhy hen i Doctor Who
A Harry Potter. Piti!
Nesaf, fe af ar fy Wii.
Dyro i mi fy Spiderman.
Heno, dwi'n iawn fy hunan.
Caf fwynhau dilyfrau lên
I gyd â chlic llygoden.'

Rwy'n un gwael, fel rhyw hen gant
Na ddealla'i ddiwylliant.
Mae hyn yn wir, a mi'n hen,
Yn ingol, nid yw f'angen
Ddim rhagor, a phob stori'n
Neis o dwt ar hen CD.

Nid hyfryd ein bywyd afraid – yn awr
    I ni'r deinosoriaid;
    Felly bydd y dydd i daid
    Nad yw'n unrhyw anghenraid.

ANN WYN OWEN

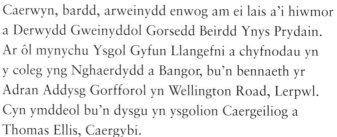

Cafodd Ann Wyn ei magu yn Nhŷ'r Ysgol, Gwalchmai cyn symud i fyw yn Llangefni yn ddeg oed. Roedd yn ferch i swyddog addysg ac yn wyres i Caerwyn, bardd, arweinydd enwog am ei lais a'i hiwmor a Derwydd Gweinyddol Gorsedd Beirdd Ynys Prydain. Ar ôl mynychu Ysgol Gyfun Llangefni a chyfnodau yn y coleg yng Nghaerdydd a Bangor, bu'n bennaeth yr Adran Addysg Gorfforol yn Wellington Road, Lerpwl. Cyn ymddeol bu'n dysgu yn ysgolion Caergeiliog a Thomas Ellis, Caergybi.

Mae Ann wedi troi ei llaw at sawl ffurf lenyddol gan ennill gwobrau am storïau byrion, llên micro, portreadau, llythyrau, sonedau, telynegion, tribannau, emynau a limrigau. Daeth yn fuddugol sawl gwaith yn Eisteddfod Môn ac mewn eisteddfodau lleol ledled Cymru, gan gynnwys eisteddfodau Talwrn, Bodffordd, Llandegfan, Gwaun Gynfi, Uwchmynydd, Mynytho, Llansannan, Treffynnon, Abergynolwyn a Castellnewydd Emlyn. Mae wedi cyfrannu limrigau i Radio Cymru a storïau i bapur bro *Y Rhwyd*. Bydd yn cyfieithu'n achlysurol a'i diddordebau yw teithio, byd natur a hefyd arddangos ceir hanesyddol – rhywbeth y bu'n ei wneud ar raglen *Hel Straeon* flynyddoedd yn ôl.

Llanfwrog

Yma ar greigiau Clipera, lle bu cloch
A'i chnul yn rhybudd clir o dywydd mawr,
Cerddodd y Parchedig annwyl, John,
Ac yntau'n teimlo'n unig lawer awr.

Fe gafodd nerth wrth droedio'r tywod llaith
Lle llifai y Ffrwd Win i lawr i'r môr
A gwynt Llanfwrog, milain ar ei rudd.
Trwy ddagrau hallt fe welodd yntau'r Iôr.

Ar draeth y Penrhyn heddiw teimlaf wefr,
Tybiaf glywed atsain sydd fel cri,
A hoffwn innau deimlo gwres y llaw
Yn f'arwain – er nas gwelaf hi.

Traeth

Does dim byd gwell na'r traeth yn yr haf,
Cael eistedd yn ôl a thorheulo
Dan gri y gwylanod a lleisiau plant,
Cael edrych ar bawb yn ymlacio;
Y bychan gwallt cyrliog, y rhaw yn ei law
Yn brysur yn creu castell tywod,
Tonnau yn araf grynhoi wrth ei draed
Ac yntau yn dychryn gweld crancod.

Llawn o gwrw yw Taid ar gadair streips goch
Yn chwyrnu yn groch gegagored,
Arogl nionod o'r stondin cŵn poeth,
Hufen iâ ganol ha', pryf mewn paned.
Pysgod mewn pyllau, mulod bach llwyd,
Brechdanau tomato yn llipa,
Lemonêd cynnes, sbectol haf ddu
A chi ar ôl pêl yn y tonna'.

Het wellt 'Sws ar frys' a chandi fflos pinc,
Merched mawr tew heb ddim sanau,
Judy yn wylo am fod Punch yn gas
A Nain wedi llosgi ei bronnau.
Sandalau llawn tywod, un hosan ar goll,
Llieiniau yn wlyb ac yn fudr,
Siocled yn toddi ar sgert newydd Mam
A Sal wedi sefyll ar wydr.

Mae'r ci wedi tyllu anferth o dwll
A'r plant wrth eu boddau yn chwerthin,
Barcud ar linyn yn hofran uwchben;
Unrhyw funud bydd hwnnw yn disgyn.
Yr haul yn tywynnu a'r awyr yn las,
Yr ewyn yn wyn ar y weilgi,
Mewn diwrnod ar draeth ceir oes o fwynhad
Heb ddim yn y byd yn rhagori.

Bwlch

Lle bu y bwthyn unwaith, does dim byd
Ond cerrig yn flith draphlith dros y pant,
Fawr ddim i ddangos ôl y cartref clyd
Fu yn llawn bwrlwm iach wrth fagu plant.
Yr ardd, bryd hynny dan law fedrus Nain
Yn fyw o lysiau ac o flodau tlws,
Sydd nawr yn llwm heblaw am lwyni drain
A chlwstwr o friallu lle bu drws.
Mi wn bydd natur eto yn ei thro
Yn llenwi'r bwlch ac adnewyddu'r tir,
Daw lliw ac egni bywyd 'nôl i'r fro
A chân y fronfraith 'mysg y tyfiant ir.
Y ciledrychwr wêl y llain llawn sbri
Ond gwacter fydd y cyfan welaf fi.

Y Deffroad

(ar ôl gweld darn o gelfyddyd gan Luned Rhys Parri
– 'Symud Dodrefn')

Rwy'n dy gasáu di,
Y hen wraig anhygar,
Am feiddio treiddio i fy myw.
Pa hawl sydd gennyt ti,
Un ddi-nod, i amharu
Ar fodlonrwydd fy nosbarth canol
Yn dy ddillad carpiog,
Heb addysg, heb safle, heb ddim?
Heb edrych i fy llygaid hyd yn oed.

Fel draenen yn fy nghalon,
Fel saeth yn fy nghydwybod;
Rhyw adlais o'm cyndadau
Yn dod i 'mhoenydio
Ac yn benderfynol o'm deffro
I'r aberth a wnest ti
Dros rai fel fi.

Ti, a'th hen sgidiau anystwyth
A'th ddodrefn syml, rhad
Yn cael y gorau arnaf fi.

Fi, o bawb,
Sy'n gwybod am gyfalafiaeth,
Salon harddwch a *haute couture*.

RHIAN OWEN

Un o Fodffordd yw Rhian yn
wreiddiol ond yn byw yn Llangefni
ers deng mlynedd ar hugain bellach.
Ar ôl graddio ym Mhrifysgol Aberystwyth bu'n dilyn
gyrfa fel athrawes mewn tair ysgol ym Môn: bu'n
athrawes yn Ysgol Gynradd Bryngwran, yna'n ddirprwy
bennaeth Ysgol Esceifiog, y Gaerwen, ac yn bennaeth
Ysgol Gynradd Aberffraw hyd ei chau yn 2011.

Ers iddi ymddeol yn gynnar, manteisiodd ar y cyfle i
ailafael mewn ysgrifennu creadigol gan dderbyn gradd
MA Ysgrifennu Creadigol ym Mhrifysgol Bangor.
Dilynodd nifer o gyrsiau ysgrifennu ym maes iechyd a
lles a bu'n gweithio ar brosiectau Ysgrifennu Creadigol a
Dementia gyda Prifysgol Bangor, Pontio a Llenyddiaeth
Cymru.

Enillodd Rhian y Goron yn Eisteddfod Môn Ynys
Cybi 2014 am gasgliad o gerddi ar y testun 'Cylchoedd'.
Yna, yn 2015 enillodd Gadair a Choron Eisteddfod
Môn Bro Goronwy, y gadair am gasgliad o gerddi ar
y thema 'Angor', a'r goron am gasgliad o ryddiaith
greadigol. Yn ôl Derwydd Gweinyddol Ynys Môn ar y
pryd, hi yw'r gyntaf i gyflawni'r gamp yma.

Angor yr *Hindlea*

Nid am it lusgo byw
Ar waelod y môr
Y cefaist dy glymu
Yn gaeth wrth gadwyn,
Ynghlwm ar fachyn,
A'th groen du
Yn plicio'n y gwres.

Nid am it ymrafael
Â'r môr cynddeiriog
Y cefaist dy rwymo
Gerfydd dy arddyrnau,
A'th adael ar dy liniau
Ar goncrid
Mewn cilfach o gell.

Ond am i ti dystio
I helynt y dryllio
Y cefaist dy ryddhau,
A'th gludo'n urddasol,
I orffwys yn oesol,
Yn ddiogel
O afael y lli.

Mamiaith
(erys ein mamiaith, er colli'r cof)

Ei ffurfio
O ddynwared acen
Eu hwynebau,
Wrth it sugno
Geiriau eu mynegiant.

Ei ffurfio
Wrth anwesu storïau
A chropian drwy'r chwedlau,
Wrth it wrando eu hwian
Yn siglo dy gwsg.

Ei ffurfio
O drochi
Yn nhonnau diwylliant,
Wrth it gerdded
Ar draethau dy ddysg.

Ei ffurfio,
A'i bwrw
Mor ddwfn
I eigion
Dy enaid,
Heb it wybod,
Yn rhan annatod
Ohonot
Ers y dechreuad.

A heno,
Yn dy henaint,
A thithau yn morio
Mewn padell ffrïo
O feddyliau,
Erys y geiriau,
Er yn ddarnau,
Fel broc
Ar wyneb y dŵr.

Cylchoedd

(can mlynedd y Cofio ...)

Rhyfedd y gair 'cofio',
A'i ddwy
Lythyren 'o'
Yn ddau gylch
Fel llygaid agored
Yr hogia' a gollwyd
Dros frenin,
Dros wlad.

Rhyfedd y rhif,
A noda gant
Ers eu cipio,
A'i ddau sero
Yn atseinio
Ochneidiau
Pob un.

A rhyfeddach fyth
Mai dewis
Ail-greu'r cylch
O hyd
A wna dyn.

Dyfroedd dyfnion

Euogrwydd sy'n donnau
Ar wyneb llynnoedd
Y Pentrefi Coll,
Lle bu'r dyfroedd dan orthrwm
A gorchymyn i foddi'r cwm.

Mae atsain llais eu protest –
Rhag boddi'r cilfachau,
Rhag distewi bwrlwm nentydd,
Rhag mygu'r brwyn a thagu'r coedydd,
Yn sŵn eu llepian, yn friw.

A heddiw, daw heidiau
Ar wyliau, a drachtio'u hanes
O blac sy'n sgriffiniadau di-hid.
Yn bentwr enwau, fel llofnodion
Llythyr eu hymddiheuriadau.

IEUAN PARRI

Brodor o Lawrybetws ym Mhenllyn yw Ieuan Parri, yr un ardal â W. D. Williams a D. Tecwyn Lloyd. Wedi iddo dderbyn addysg yn ysgol gynradd y pentref ac Ysgol Ramadeg y Bechgyn yn y Bala, aeth i Brifysgol Lerpwl gan raddio mewn meddygaeth yno.

Yn dilyn tymor yn ysbytai y Rhyl a Llanelwy, dechreuodd ar gyfnod fel meddyg teulu ym Mhenrhyndeudraeth a'r ardaloedd cyfagos. Ymddeolodd o feddygaeth deulu lawn-amser ym mis Medi 1999, ond bu'n gweithio'n rhan-amser fel meddyg llanw hyd 2014.

Yn ystod y cyfnod hwn, bu'n gweithio ar waith ymchwil i fywyd a gwaith D. Tecwyn Lloyd, a derbyniodd radd doethuriaeth gan Brifysgol Cymru yn 2009. Bu'n aelod o dimau Talwrn y Beirdd yn gyson ers blynyddoedd, gyda thîm Deudraeth i ddechrau, gan ennill y gystadleuaeth yn ystod y 1990au, ac yn ddiweddar, gyda thîm Glannau Menai. Mae'n parhau i lenydda, ac mae wedi ysgrifennu nifer o erthyglau ar Tecwyn Lloyd dros y blynyddoedd; ysgrifennodd hefyd erthygl ar straeon ysbryd, ambell i stori fer ac, wrth gwrs, ambell i gerdd, gan amlaf yn y mesurau caeth.

Bellach y mae'n byw yn Ynys Môn gyda'i wraig Teresa, ac yn aelod o gymdeithasau llenyddol yn yr ardal.

Melin y Gaerwen

Bu yma ddod
Â chnwd aur ddiwedd haf;
Bu yma fynd
Â pheilliaid gwyn.
Deuai ffermwr â'i offrwm
I felinydd a'i sgwrs
Am bregeth y Sul,
Am brisiau'r da,
Am 'Gwrs y Byd',
Ac ambell stori
Weddus, ac fel arall.
Bu trafod y Cyfarfod Bach
A'r gerdd fuddugol;
Bu darogan y Preimin
A phrisiau'r tir.

Bu afiaith a chymdeithas.

Yn awr, dim.
Dim ond galarnad y gwynt,
Y glaw a'r rhew yn malu
Carreg oddi ar garreg,
A'r niwl yn wylo'i hiraeth
Am a fu.

Dim ond
Bregliach estron
Yn gwthio carreg o garreg,
Yng nghri wylofus y gwynt,
A llen y niwl yn cuddio'r
Anfadwaith.

Gwyn, 1936–2016

(Yr Athro Gwyn Thomas)

Fe ddaw byd y *Bywyd Bach*
O ganol oes amgenach;
Daw o eiliad dawelach,
Daw o oes eneidiau iach,
Daw ei raen o graig Blaenau,
Ar ei faeth mae'n ymgryfhau:
Â'i ddewis, Tanygrisiau,
Yn y byd ei 'bur hoff bau'.

Fy niymhongar arwr
I'w law dde yn wylaidd ŵr
Â'i gân yn atsain y gwir,
Y gwron, a'r gŵr geirwir.
Ei gân fydd fythol gannwyll
Y gân a oleua'r gwyll.
O'i ddysg, fe ddaeth addysgu,
Ŵr llon a oleua'r llu
Â'i wên lawn ac â'i hwyl o
Ein harwain, yna'n herio.

Daeth yn ôl, y diafol du
Â'i farwol, wag yfory,
Dug ei wanwyn digynnydd
Hen ddiawl â'i ddigofus ddydd,
Ei dwyll yn gwahanu dau,
Ei gelwydd yn dwyn golau.
Ei haf ef bellach ni fydd
A'r gaeaf fydd dragywydd.

Yn dawel daeth y diwedd,
Yn dawel fel awel – hedd;
O'i anfodd, i Gwm Cynfal
Y daeth, a'r bardd yno'n dal
I roi dysg, yn ŵr ar dân
O achos pethau bychan.
Fe aeth byd y *Bywyd Bach*
I ganol nef amgenach.

Draw

Draw, rhaid oedd wynebu'r drin
I foddio gwanc y fyddin;
Draw, deuai braw i'r brig
A'i amaeth – cnwd annhymig;
Draw, y niwl sy'n ddi-droi'n-ôl
Yn erwau'r gwanwyn marwol;
Draw, angau sydd yn dringo
O ddwfwn ei Annwn o;
Yno draw, sgrechfeydd a dry
Yn farwol i'w hyfory;
Draw, y truan gelanedd,
Bodau oer heb wybod hedd;
Draw, erwau y gwaed a red,
Sug oer y ffos agored.

Yma'n awr mae ein harwyr,
Y gwael a drylliedig wŷr,
Y gwŷr fu gynt o'n gwerin
Draw o hyd yn erwau'r drin.

Yn ymyl bedd milwr

(ym mynwent Sant Tysilio, Porthaethwy)

Deunaw oed a'i waed yn oer, – deunaw oed
    Yno'n wael, yn grachboer,
    Deunaw oed yn las, lasoer,
    Y llanc na wêl eto'r lloer.

ALAN WYN ROBERTS

Mab i chwarelwr a thyddynnwr.
Fe'i ganwyd ym Mrynrefail, Arfon,
a derbyniodd ei addysg uwchradd
yn ysgol ramadeg y pentref. Treuliodd ei lencyndod
ym mhentref Dinorwig. Wedi blwyddyn a hanner o
wasanaeth milwrol bu am flwyddyn yng Ngholeg Clwyd,
y Rhyl, ac yna enillodd raddau BA a BD yn y Brifysgol
ym Mangor. Bu'n weinidog yng nghanolbarth Môn,
yn athro Astudiaethau Crefydd yn Ysgol Dinas Basing,
Treffynnon, ac Ysgol Maes Garmon. Fe'i dyrchafwyd
yn Ddirprwy Brifathro yn yr ysgol honno ac ymunodd â
dosbarth cynganeddu'r Prifardd Einion Evans.

Yn dilyn hyn, cafodd ei benodi yn Ddirprwy
Brifathro Ysgol Uwchradd Bodedern yn 1977. Yn yr
ysgol honno, roedd ymysg y nythaid o athrawon brwd
a benderfynodd gynnal dosbarth nos cynganeddu a
daeth eraill o'r cyffiniau i ymuno â hwy. Dyma egin Tîm
Talwrn y Beirdd Bro Alaw.

Bu Alan Wyn yn ymrysona gyda thîm Bro Alaw am
dros bymtheg mlynedd gan gael pleser a diddanwch
mawr. Bu hefyd yn golygu colofn farddol *Papur Menai*,
'Cilfach Awen y Culfor', am dros bedair blynedd ar
ddeg. Ers sawl blwyddyn bellach, mae wedi ymddeol fel
athro, fel aelod o dîm Bro Alaw ac fel colofnydd *Papur
Menai*. Yn awr, mae pob rhwyf yn y cwch.

Cofio

Unwaith y clywais i'r eos,
Mewn coedlan ar bwys y llan,
Ffrydlais ei chân ddihalog
Yn fy nghydio am byth i'r fan.

Beth tybed a ddaeth ohoni?
Oedd briw yn brathu ei bron?
Diddymdra'r blynyddoedd a'i llyncodd –
Diflannodd fel ewyn ton.

Ond erys ei chân hyd heddiw,
Fe'i clywaf yn canu'n awr.
Ai dyma yr hyn sy'n dragwyddol –
Y cof am funudau mawr?

Lleuad Fedi

Ai dyma'r lleuad borffor
A welwyd gan Hedd Wyn
Yn staenio afon Prysor
A mawnog Traws a'r llyn?

Bu lleuad un Gorffennaf
Uwch maes cynhaeaf drud
A honno'n lleuad medi
Ysgubau cyn eu pryd.

Un cam

Ar draethell bell ym more'r byd – un gell
A roes gam i'r gweryd;
Hon luniodd, creodd o'r crud
Gynfas ein gwae a'n gwynfyd.

Fi fy hun

Os hynod gwnaed tywodyn, – mae hanes
Mwy hynod yn perthyn
I'r haenau sy'n y gronyn
A'm gwnaeth i yn fi fy hun.

Goleudy

O edrych ar ei wydrau – a'i lachar
Ddilychwin fflachiadau,
Ei gamp wrth i'r t'wllwch gau
Yw ailadrodd pelydrau.

Chwarel wedi cau

Di-dân yw ei chabanau – a rhwydwaith
    O rwd yw ei rheiliau;
    Ofer offer a rhaffau
    A giât y chwarel ar gau.

Cadach Twrin

Ni cheir rhin na chyfrinach – yn lliwiau
    Y lliain hwn mwyach,
    Ac wele Grist yn goel gwrach,
    Yn Geidwad caeth i gadach.

Ambiwlans

Edrych i mewn ni fedri – a düwch
    Yn dew ar ffenestri,
    Ond cawell ei hastell hi
    A lenwir â goleuni.

Llinell a chwpled

Y galon sydd yn gweled.

~

Dy gyfaill fydd dy gofeb.

~

Niwloedd ar fap ni welir.

~

Ein hawch i ddilyn yr haig
Yw'n hanes, fel y penwaig.

~

Byr yw'r cam ar lwybr cul
A damwain yn dy ymyl.

~

Rhyw bryd fe ddaw Papur Bro'n
Eitem ddiangen eto.

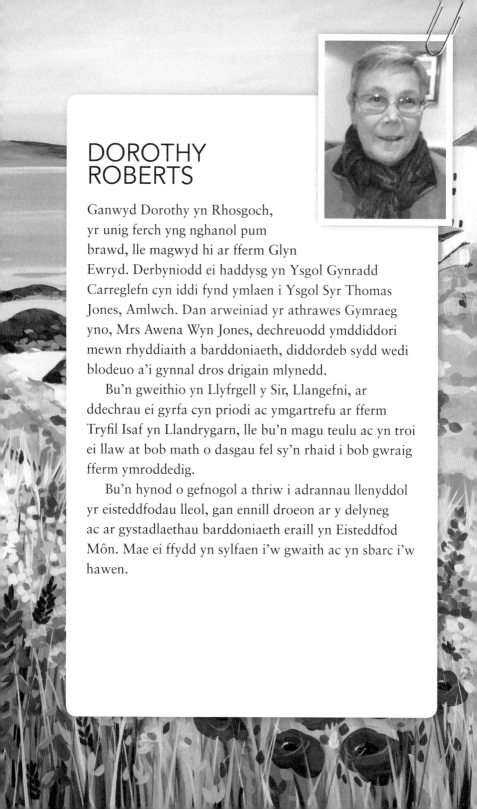

DOROTHY ROBERTS

Ganwyd Dorothy yn Rhosgoch, yr unig ferch yng nghanol pum brawd, lle magwyd hi ar fferm Glyn Ewryd. Derbyniodd ei haddysg yn Ysgol Gynradd Carreglefn cyn iddi fynd ymlaen i Ysgol Syr Thomas Jones, Amlwch. Dan arweiniad yr athrawes Gymraeg yno, Mrs Awena Wyn Jones, dechreuodd ymddiddori mewn rhyddiaith a barddoniaeth, diddordeb sydd wedi blodeuo a'i gynnal dros drigain mlynedd.

Bu'n gweithio yn Llyfrgell y Sir, Llangefni, ar ddechrau ei gyrfa cyn priodi ac ymgartrefu ar fferm Tryfil Isaf yn Llandrygarn, lle bu'n magu teulu ac yn troi ei llaw at bob math o dasgau fel sy'n rhaid i bob gwraig fferm ymroddedig.

Bu'n hynod o gefnogol a thriw i adrannau llenyddol yr eisteddfodau lleol, gan ennill droeon ar y delyneg ac ar gystadlaethau barddoniaeth eraill yn Eisteddfod Môn. Mae ei ffydd yn sylfaen i'w gwaith ac yn sbarc i'w hawen.

Eiliad

Nid eiddo ni yfory
A ddoe diflannu wnaeth
I wagle môr o amser
Fel ton yn taro traeth.

Dim ond yr eiliad yma
A roddwyd in gan Dduw
A feddwn ni i sicrwydd
Yng nghanol amser byw.

Y Neges

Ni chlywyd cnoc 'run postmon
Na chaniad ffôn y tŷ,
Ac eto cefais neges
Mewn fflach ysblennydd blu.

Oblegid gwelais heddiw
Ar daith o'r Affrig bell
Negesydd cynta'r tymor
Yn dweud am dywydd gwell.

Ar fforchog gynffon bigfain
Tywynnai'r haul yn braf
A minnau felly'n gwybod
Yn siŵr, fe ddaeth yr haf.

Mair, mam yr Iesu

Tybed, Mair, na ddylem roddi
Llawer mwy o barch i ti,
Am mai ti oedd mam yr Iesu
A fu'n aberth drosom ni?
Pwy all fesur dy ddioddefaint
Yno'n sefyll wrth y groes?
Sut y medrwn ni ymdeimlo
Nac amgyffred maint dy loes?

Oni threiddiodd dur yr hoelion
A phigiadau'r goron ddrain
I ddyfnderoedd cur dy enaid
A'i drywanu â'r bicell fain?
Sut y meiddiwn ni anghofio
Am mai'n camwedd ni a'i rhoes
Yno'n ddinerth a dibechod
Rhwng dau leidr ar y groes?

Ond ynghanol anniolchgarwch
Rhydd ein c'lonnau ninnau lam
A mawrygwn mwy dy enw,
Cofiwn di, ei annwyl fam.
Am it eni i ni Geidwad
Gwynfydedig fyddi di.
Maddau i ni, Mair, na roesom
Ein dyledus fawl i ti.

Emyn

Y mae cariad Duw'n ddiderfyn
Ac yn amgylchynu dyn,
Nid oes neb a all ei fesur
Nac amgyffred Duw ei hun.
Lletach yw na'r holl fydysawd,
Dyfnach yw na'r eang fôr,
Cryfach na chasineb pechod
Ydyw cariad Arglwydd Iôr.

Nid oes dim a all wahanu
Oddi wrthym gariad Duw,
Ffyddlon ydyw ef a chyfiawn,
Trwyddo ef yr ydym byw.
Llawn trugaredd tuag atom,
Ef yw'n gobaith, ef yw'n llyw,
Rhoddodd inni ffydd ddiysgog
Am mai Duw y cariad yw.

Mae ei ysbryd yn ymsymud
Hyd helaethrwydd gofod maith
Ac ni pheidiwn â'i addoli
Wrth ryfeddu at ei waith.
Cofia ni yn ein heiddilwch,
Mae'n gofalu am ein stad,
Diolch fod yr Hollalluog
Inni yn drugarog Dad.

IOAN GWILYM ROBERTS

Brodor o Lannerch-y-medd ym
Môn yw Ioan, gyda'i wreiddiau yn
ddwfn yn naear yr ynys. Aeth i'r
brifysgol yn Aberystwyth yn 1988 ac yno, wrth astudio
tuag at radd yn y Gymraeg, cafodd gyfle i ddilyn cwrs
cyfansoddi o dan ofal ac anogaeth Derec Llwyd Morgan
a John Rowlands.

Yn 1993 manteisiodd ar y cyfle i dderbyn gwersi
cynganeddu trwy fod yn un o dri disgybl ar y gyfres
radio *Clywed Cynghanedd* o dan ofal Myrddin ap
Dafydd. Cyfansoddodd y cywydd croeso ar gyfer
Eisteddfod Môn yn 2002, yn ogystal â chanu'r cywydd
hwnnw yn y seremoni agoriadol. Bu'n athro Cymraeg yn
Ysgol Uwchradd Bodedern am bedair blynedd ar ddeg,
ac yn ystod y cyfnod hwn daeth yn aelod o Dîm Talwrn
Bro Alaw. Bu'r tîm yn sbardun gwerthfawr iddo fynd ati
i gyfansoddi.

Mae ei wraig, Helen, yn hanu o Lanrhaeadr-ym-
Mochnant ac mae'r ddau wedi ymgartrefu yn Nhryfil
Isaf, Llandrygarn – fferm sydd wedi bod yn y teulu
ers dros gant a hanner o flynyddoedd. Mae buches o
Wartheg Duon Cymreig 'Tryfil' yn agos iawn at eu
calonnau. Mae Ioan yn un am dynnu coes ar gân am
droeon trwstan lleol. Cred fod barddoniaeth ac amaethu
yn mynd law yn llaw.

Mynydd Bodafon

Pan ddaw'r haf i Fodafon – daw'r heulwen
    I droi hwyliau'r galon,
    Daw ysbryd hyfryd i hon
    Yn gyfoeth o atgofion.

Dathlu canfed gyfrol
Bucheslyfr y Gwartheg Duon

Gwir waddol y cyfrolau – yw cyfoeth
    Y cofio, sy'n cynnau
    Yr awch fel cawn ni barhau
    A thân yn ein gwythiennau.

Nadolig

Er y trallod a'r tlodi, – y t'wyllwch,
    Y twyllo a'r cyni,
    Er mai gwan yw'n hanian ni,
    Ynom mae gwyrth y Geni.

Englyn i Gron, Cwmcilan

Llond wybren o lawenydd – a hela
    Yn heulwen y mynydd,
    Bugeilio a rhodio'n rhydd
    Yw hadau d'anian ddedwydd.

Cywydd Croeso Eisteddfod Môn, Llannerch-y-medd

Law yn llaw ar yr awel
Adleisiau hen ddoniau ddêl
I alw ym mhob aelwyd,
A'r naws yn ailgynnau'r nwyd.

Tros y Foel, tros y Felin,
Lleisiau braf yr haf a'u rhin
Sy'n galw, ein galw i gyd
Yn dawel gwmni diwyd
I'r Llan, lle y cydia'r llaw
Wylaidd yn nhannau'r Alaw.

Daw'r mêl o gân y Delyn
I gordiau yr hafau hyn,
Tywys y melys i'r Medd
Yn firain â'i chyfaredd,
A llanw hen y llinach
A'i nwyd, ar y gainc yn iach.

Alaw sydd yn ei chalon,
Curo heb huno wna hon,
A hufen ei gwythiennau
Yw dwylo'r haf, dwylo'r hau,
Dwy law sydd yn croesawu
Gwlad gyfan i'r Llan yn llu,
Yn felys mewn gorfoledd
'Ewch â mi i Lannerch-y-medd.' *

*Guto'r Glyn – Cywydd i Ddafydd ap Gwilym ap Dafydd
o Lwydiarth ym Môn

P.T.S.D.

'Cywilydd arnaf, onid agoraf y drws i wybod ai gwir
a ddywedir am hynny'
– Heilyn fab Gwyn

Mae gwich y drws yn sgrechian yn fy mhen,
A'r llif gofidiau'n dal yn hallt a llym,
Yn hunllef erchyll na ddaw byth i ben.
Y llafn goleuni'n llawn o loes a grym
Yn arllwys dagrau'n fôr i'r Aber draw;
Y llwch fel dawns y pryfaid ger y pair
Trwy gil y drws yn gwthio ing a braw
I weiddi yn fy mhen heb yngan gair.
Fy nhaith ddiorffwys sydd yn hir a cham
Yn arllwys myrdd gofidiau fel y môr,
Yn don o hiraeth neu yn sbarc i'r fflam
O artaith wrth i minnau wthio'r ddôr.
Y fi sy'n dal i brocio'r meddwl brau,
Gan agor drysau na chânt byth eu cau.

GLYNDWR THOMAS

Ganwyd Glyndwr yn nhref Caernarfon yn 1930. Wedi cyfnod ym Morfa Nefyn a Rhosmeirch, symudodd ei rieni i Langefni lle y magwyd ef. Fe'i haddysgwyd yn yr 'Ysgol British' leol yna'r Ysgol Ramadeg. Ar ôl pasio'r Dystysgrif Uchaf, gwasanaethodd yn y fyddin a threulio blwyddyn yn Malaya. Ar ôl dwy flynedd yn y Coleg Normal, bu'n athro am flynyddoedd yn Ysgol Gyfun Llangefni ac Ysgol Gynradd Amlwch. Bu'n brifathro Ysgol Gynradd Llanddeusant hyd ei ymddeoliad.

Enillodd Goron Gŵyl Ddewi, Bethesda, Cadair Eisteddfod Clwb Gwerin Llangefni a Chadair Eisteddfod Môn 1999. Bu'n aelod o sawl tîm Talwrn y Beirdd ac Ymryson y Beirdd. Cyhoeddodd gyfrol o farddoniaeth, *Cynilion*, a chyfieithu'r ddrama *Luther* gan John Osborne i'r Gymraeg. Ar gefn y gyfrol farddoniaeth nodir, 'Nid cerddi ffwrdd-â-hi, arwynebol a geir yn y gyfrol ond ffrwyth y myfyrdod, y dyfnder deall a theimlad sydd mor nodweddiadol o'r awdur.' A dyna grynhoi ei waith i'r dim.

Mae'n briod â Gwen Croesa' ac mae ganddynt un ferch, Alwen.

Ifan Gruffydd
(y gŵr o Baradwys)

Darfu'r Act! Ble mae'r actor? – Â thŷ llawn,
    Wneith y llenni agor
    O glapio, ceisio encôr?
    Na! Llonydd mwy yw'r llenor!

Ond cawn agor ei gloriau – ac ymroi
    I'w Gymraeg trwy oriau
    Sŵn y cloc a'i ymson clau
    A dal hwn rhwng dalennau.

Ar achlysur lansio llyfr Emlyn Richards
ar Rolant o Fôn

Gwên a phib, clogwyn a phant, – nodau'r gwaed
    Ar goed pan hydrefant,
    Clebar hen adar y Nant,*
    Awelon trwy'r ŷd! – Rolant!

Er i'r graig lwyd forgrugo – ein byw bach,
    Daw'r berth trwy'r hollt eto;
    A dail ir ei awdlau o
    Fel geiriau'n ailflaguro.

[*Nant y Pandy, Llangefni]

Cywydd Croeso Eisteddfod Genedlaethol Môn 2017

Modured i Fodedern
I le gŵyl trwy ddôl a gwern,
Y miloedd o ymwelwyr,
Dwyn pawb sydd â doniau pur
I rodio'r maes ar dir Môn
A roddir i dderwyddon.

Trafael o fywyd trefi
Draw o ardaloedd di-ri'
A chynefin y ddinas,
I lan dros filltiroedd glas
I'r ynys a fyn rannu
Â'r wlad ei thrysorau lu.

Erwau ir porfeydd y praidd
A thir y traethau euraidd
A melin eto'n malu
Yn ail-fyw y fâl a fu;
Moelfre, teg bentre' ger bae
A'i arbedwyr bywydau.

Rho gip ar y dre gopor
A'r llosgydd mynydd uwch môr,
Celf a'i lloches, Hanesion,
Yno maent yn Oriel Môn;
Ynys Lawd a'i hisel le,
Hyglod fôr-adar creigle.

O'r arlwy o'i thramwyo
A hawlio'i braint fesul bro,
Yna Môn fydd fam o hyd,
Yn do i'w hepil diwyd,
Ei gwŷs o'i chalon ar goedd
A'i dwyfraich dros y dyfroedd.

Gwylwyr

Ni allaf wylio agor gorsedd
Heb weled Iolo ar Fryn y Briallu,
Neu'n casglu o'i gwmpas ei gynghreiriaid
A chreu yng Nghaerfyrddin ynys o Gymry,

Na gweld dawns werin yn chwyrlïo
Heb weled Arglwyddes Llanofer yno,
Gwraig yr het bigfain a'r fetgwn fraith,
A Charnhuanawc yn cadw'r ffin
Ynghanol y môr anghyfiaith.

Na chanu cerdd dant
Heb weld Talhaearn a'i griw ar ben Bodran
Yn plycio'r tannau a tharo sawl cân,
Cyn troi am Garthewin yn westai rhydd
Lle deuai Saunders chwaraegerdd ryw ddydd.

Na gwylio Ymryson yr ŵyl
Heb weld Guto'r Glyn ynghanol yr hwyl,
A Dafydd Nanmor yn llawen ei fryd
Am fod y gynghanedd yn para o hyd.

Pobol y copaon llygadog
A'u trem hyd orwelion pell.

Cerdd i ddoe

Y maent yn dal ynof,
Y munudau a'r oriau chwâl,
A'r bobol hynny a'r hen griw triw
A oedd yn mynd a dod yn y gwead.
Ac er bod pwythau coll yn y patrwm
A'r brethyn wedi raflo,
Daw'r dweud a'r gwneud yn ôl
Yn olygfeydd
I ddiddanu a thaflu lluniau i fflicro ar y sgrin.
Ie, gyfaill, ac fel y dywedaist ti mor ddeheuig,
'Eiliadau Tragwyddol' ydynt,
Mae fel troi dalennau hen albwm
A gweld y peth o'r newydd,
Ac ailymgomio neu ailddehongli
Ynghanol yr oriau coll,
A'r rhain sy'n dibynnu arnaf
I anadlu a siarad drostynt
Gan wybod y cânt ynof fyw.

William Williams, Pantycelyn

Gwthio i'r dwfn wnâi Williams o'i Bantycelyn,
A'i geffyl yn llong ei anialwch;
Pererin parod ei Gymru ddieithr
A'i gân yn gydymaith iddo,
Ireiddiai ei enaid fel drachtiau dyfrfan rhyw ynys.

Ar hyd ac ar led ymgasglai brwdfrydigion
Yn harbwr o groeso disgwylgar,
Pobol y cyrion mewn môr anglicanaidd,
Gan glandro pa drugareddau oedd ganddo
I lonni eu byd llwydaidd.

Ac felly o le i le,
Cariai'n ei sgrepan lwyth o de
I'w werthu i'r saint
I gadw corff ac enaid ynghyd;
(Roedd rhyw duedd yn ei enaid i ehedeg!).

Ac roedd o'n gwmni diddan wrth y bwrdd,
Un da am stori a chwarddwr harti.
(Fe yrrai Harris wynepsur yn gonion!)

Unwaith yn Nhafarn Penybont, Llangefni,
Lle'r angorodd ar ei daith,
Daeth rhai o rapsgaliwns y dref i gyfarth;
'Cân iddyn nhw, Mali,' meddai wrth ei wraig,
'Cân un o gerddi Seion ar un o donau'r glêr!'
Esmwythodd ei llais soniarus eu llid
Fel anwes cledr llaw.

Teithiodd gyhyd â'r byd,
Cyfwerth â phedwar cylch o'i gwmpas,
Astudio a siartio'n fentrus,
Cans felly y llywiodd o ynys i ynys
Ac anadl Duw yn llenwi ei ganfas.

CEN WILLIAMS

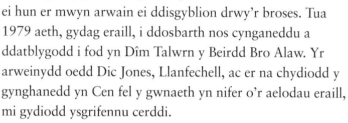

Mynd ati i ddechrau barddoni pan oedd yn athro yn Ysgol Uwchradd Bodedern wnaeth Cen, a hynny am ei fod am gael y profiad o greu rhywbeth ei hun er mwyn arwain ei ddisgyblion drwy'r broses. Tua 1979 aeth, gydag eraill, i ddosbarth nos cynganeddu a ddatblygodd i fod yn Dîm Talwrn y Beirdd Bro Alaw. Yr arweinydd oedd Dic Jones, Llanfechell, ac er na chydiodd y gynghanedd yn Cen fel y gwnaeth yn nifer o'r aelodau eraill, mi gydiodd ysgrifennu cerddi.

Cyfansoddi ar fydr ac odl a wnâi i ddechrau ond pan welodd fod y Meuryn yn dueddol o roi marciau uwch ar y pryd i gerddi rhydd, newidiodd ei arddull a chael peth llwyddiant ar y Talwrn gan ennill Tlws Coffa Cledwyn Roberts. Enillodd Goron Eisteddfod Genedlaethol y Bala yn 1997, a phan gafodd yr anrhydedd o feirniadu cystadleuaeth y Goron yn y Genedlaethol yr aeth ati o ddifri i astudio crefft y wers rydd a cherddi mydr ac odl. Mae'n cael llawer o bleser yn ysgrifennu barddoniaeth a chyhoeddodd ddwy gyfrol, sef *Ffansi'r Funud, Ffansi Oes* yn 1999 ac *Eiliadau Tragwyddol* a gyrhaeddodd restr fer categori barddoniaeth cystadleuaeth Llyfr y Flwyddyn yn 2016.

Cyfarfu Cen â Gwenda ei wraig yn Aberystwyth tra oedd yn astudio yn y brifysgol yno, a ganwyd Owain a Siwan iddynt yn y saithdegau. Bellach, i wneud ei fywyd yn gyflawn, mae ganddyn nhw bedwar o wyrion: Lois, Twm, Siôn ac Alaw.

Paid ag edliw i mi, Amser

Paid ag edliw i mi, Amser,
fy mod i nawr yn mynd yn hen,
cofia'n ôl am y blynyddoedd
y bûm yn ifanc, gyda gwên.

Paid ag edliw fod yr amser
sydd yn weddill, nawr yn llai,
cofia di nad tragwyddoldeb
yw fy neunydd i, ond clai.

Paid ag edliw i mi beunydd
ei bod bellach yn hwyrhau,
a 'mod innau'n groes i tithau
drwy'r holl ddyddiau yn llesgáu.

Paid ag edliw i mi eto
fy mod heddiw'n mynd yn hŷn
a chofia'r holl flynyddoedd hapus
ges â'r ferch o Benrhyn Llŷn.

Cei eu crybwyll, paid ag edliw,
cofia'r cyfoeth gawson ni,
y ferch o Benrhyn Llŷn a minnau
yn dy gwmni gwerthfawr di.

Cyngor i'r wyrion

Pan fydd cysgodion lu amdanoch chi yn cau
a'ch bywyd fel y rhaglen honno ar eich sgrin
yn llawn problemau sydd yn pwyso a gwau'n
un cwlwm tyn a'r tyndra'n un cymhlethdod blin,
ewch drwy y drws a dysgwch wrando ar y glaw
sy' â'i rythmau cyson yn cysuro'r coed,
neu ewch i deimlo mwythau'r haul pan ddaw
drwy'r cwmwl llwyd, a'i gusan fel erioed
yn gysur sy'n cynhesu'r galon fel y croen,
ewch i arogli'r gwlith a'r grym ym mhob un glain
sy'n deffro'r bore ac yn cosi'r ffroen;
neu ceisiwch ddeall crio'r gwynt a'i ubain main.
Ac os daw cysgod hirach gyda diwedd dydd
rhaid ymwroli gan ymestyn o'i hualau'n rhydd.

Cot gwag

(cyn ei dynnu i lawr ar ôl i'n hwyrion ei ddefnyddio
dros ddeng mlynedd)

Noethni clinigol y gynfas wen
fel amdo dros y gorffennol
ac oerni'n gylch cysegredig dros y cyfan.

Un corffyn treuliedig ei flew,
ei foelni a'i bytiau o glustiau
yn aros fel hunllef am freichiau bach i'w fagu.

Bariau wedi'u duo gan lafoer a dagrau,
ôl dau ddant blaen ar y pren llorweddol
yn atgof o garchar y dyddiau.

Tawelwch yn blanced ddi-grych
dros y gornel, lle gynt
y bu prebliach a hymian ...

... a'r bariau'n cael eu hysgwyd
a'u taro gan forthwyl sinc
ym mwrlwm y foment,

lle bu'r pennau aur yn ysgafn orffwys
ar glustog a'r blanced fel anadl
yn blisgyn cynnes drostynt;

nhw, y panda, y tedi, y gwningen
a Sali Mali hithau'n gwarchod
eu breuddwydion cyn y stwyrian a'r agor llygaid.

Ninnau'n awr yn deffro i'r gwahanu,
i realiti bod a byw a thyfu
yn eiliadau'r dieithrio mawr.

125

Traeth Ty'n Tywyn
(diwrnod angladd y Prifardd Gwynfor ab Ifor)

Ton ar ôl ton
yn rhuthro a siglo tua'r traeth
yn wefr o ysgyrion
fel hen atgofion;

un don yn marw'n
filiynau o fybls mân
gan ledu'n femrwn
o'i eiriau a'i sylwadau,

tra oedd crychau eraill
fel syniadau'n
esgor
yn bell yn y bae,
gan gasglu nerth
cyn glanhau glan
dro ar ôl tro
a llyfnhau tywod ei fuchedd
yn esmwyth, lân;

ei wên fel ewyn
yn ysgwyd yn y cof
cyn toddi'n ddim.

'Hau i Fedi' – er cof am Carol

(W. Carol Hughes, Prifathro cyntaf Ysgol Uwchradd Bodedern;
'Hau i Fedi' yw arwyddair yr ysgol)

Yr 'Ynys Dywyll' ydoedd Môn, nid oedd yr iaith
yn cael ei lle pan ddoist â'th weledigaeth
di dy hun i baratoi y fro yn saith deg saith
trwy 'redig y tir diffaith â swch dy ysbrydoliaeth.

Bu d'eiriau doeth yn wrtaith gwerth ei chwalu
wrth ddandlwn y rhieni i ddeall bod
i'r Gymraeg ei gwerth er mwyn gwyrddlasu'r
cnwd, a gweld eu plant yn ennill clod.

Athrawon hefyd fu'n braenaru'r tir
i'th helpu i lyfnu ac i gario'r had;
gwelwyd yr egin uwch y pridd cyn hir
a'r haul a'r glaw'n cynnal hen ŷd y wlad.

Trwy chwys y buost yn hau i'r fro gael medi
a thrwy'r tywyllwch, gwawriodd dy oleuni.

Dymuniad

Aderyn diniwed yr olwg,
fel duw ar geubren
yn dymuno'r gwyll
i gael lledu'i adenydd
a thrawsffurfio'n heliwr
er mwyn ei fyw.

Chwiler afluniaidd
yn llonydd,
yno am hydoedd
yn disgwyl amodau
ei fetamorffeiddio'n harddwch
a byw.

A ninnau'n gymysgedd od
o'r heliwr a'r harddwch,
yn deisyfu awr ein gweddnewidiad
trwy beidio â bod,
yn glynu yn y gobaith brau
y cawn fywyd eto.

MOORED TO THE CONTINENT?

CARDIFF
CAERDYDD

Future Options for Britain and the EU

Mark Baimbridge,
Philip B. Whyman
and Brian Burkitt

imprint-academic.com

Published in the UK by
Imprint Academic, PO Box 200, Exeter EX5 5YX, UK
Published in the USA by
Imprint Academic, Philosophy Documentation Center
PO Box 7147, Charlottesville, VA 22906-7147, USA

ISBN 9781845401924

A CIP catalogue record for this book is available from the
British Library and US Library of Congress